AF538071

Mirjam Radke | Horst-Dieter Radke

Die schönsten Schlösser und Burgen in

Oberbayern

und Bayerisch-Schwaben

Bildnachweis

Mirjam Radke: S. 5, 6, 8–11, 14–27, 28 oben rechts, 29–30, 32-35, 46, 48 links, 50–52, 54–59
Horst-Dieter Radke: S. 7, 12, 13, 39, 53, 62–67
Wikicommons: S. 31 oben links und oben rechts (Rufus46), 36 (C. Stadler/Bwag), 37 (Gehweider), 40 (Boschfoto), 41 (Gras-Ober), 42 (Boschfoto), 43 (Boschfoto), 44 (Sankt Adler), 45 links (I. Berger), 45 rechts (Boschfoto), 47 (Birds-eye), 48 rechts (Tom Neiser), 49 (Oberboarisch), 60 (Wolkenkratzer)
Jan Koenen, Stadt Dillingen: S. 61

Buchcover: Mirjam Radke

Die Bilder auf den S. 6/7, 8/9, 10/11, 14/15, 16/17, 18/19, 26, 36/37, 50/51, 54/55, 56/57 erscheinen mit freundlicher Genehmigung der Bayerischen Verwaltung der staatlichen Schlösser, Gärten und Seen. Die Bilder auf S. 52/53 erscheinen mit freundlicher Genehmigung des Wittelsbacher Ausgleichsfonds, München.

Wir danken allen Lizenzträgern für die freundliche Abdruckgenehmigung. In Fällen, in denen es nicht gelang, Rechtsinhaber an Abbildungen zu ermitteln, bleiben Honoraransprüche gewahrt.

1. Auflage 2023

Layout und Satz: Christiane Zay, Passau
Druck und buchbinderische Verarbeitung: optimal media GmbH, Röbel an der Müritz

34281 Gudensberg-Gleichen, Im Wiesental 1
Telefon: 0 56 03-9 30 50
www.wartberg-verlag.de
ISBN 978-3-8313-3555-8

Inhaltsverzeichnis

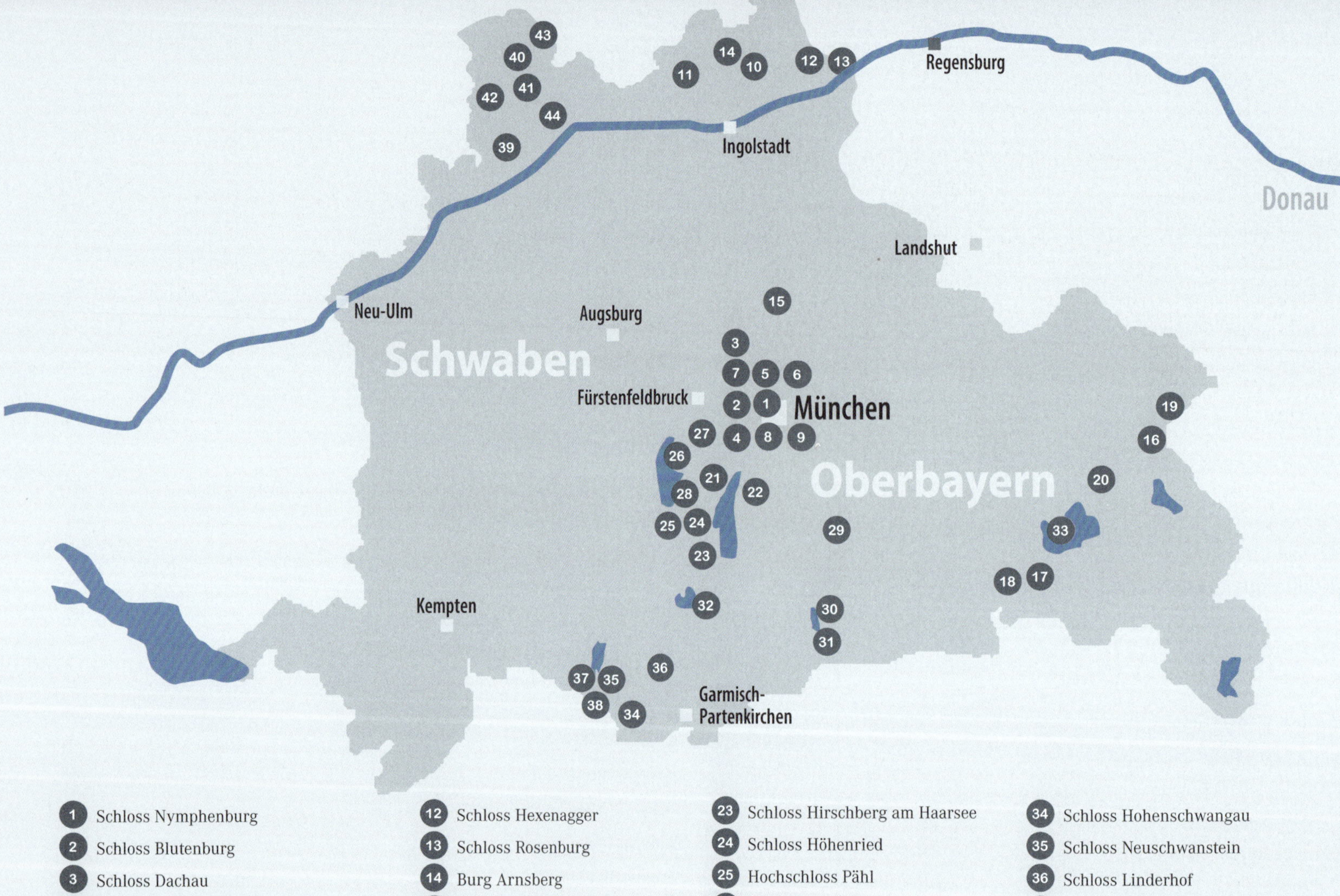

1 Schloss Nymphenburg
2 Schloss Blutenburg
3 Schloss Dachau
4 Schloss Fürstenried
5 Schlossanlage Schleißheim
6 Schloss Lustheim
7 Neues Schloss Schleißheim
8 Burg Grünwald
9 Burg Schwaneck
10 Schloss Hirschberg
11 Festung und Schloss Willibaldsburg
12 Schloss Hexenagger
13 Schloss Rosenburg
14 Burg Arnsberg
15 Schloss Hohenkammer
16 Burg Tittmoning
17 Schloss Hohenaschau
18 Schloss Neubeuern
19 Burg zu Burghausen
20 Schloss Stein an der Traun
21 Schloss Possenhofen
22 Schloss Berg
23 Schloss Hirschberg am Haarsee
24 Schloss Höhenried
25 Hochschloss Pähl
26 Schloss Seefeld
27 Schloss Rezensried
28 Schlösschen Wartaweil
29 Altes und Neues Schloss Valley
30 Schloss Ringberg
31 Schloss Tegernsee
32 Schloss Murnau am Staffelsee
33 Schloss Herrenchiemsee
34 Schloss Hohenschwangau
35 Schloss Neuschwanstein
36 Schloss Linderhof
37 Hohes Schloss Füssen
38 Schloss Bullachberg
39 Schloss Dillingen a.d. Donau
40 Die Schlösser des Hauses Oettingen
41 Schloss Wallerstein
42 Schloss Baldern
43 Schloss Spielberg
44 Burg Harburg

Schloss Tegernsee war ehemals ein Kloster.

Einleitung

Böse Zungen sagen, dass man in Oberbayern mehr Klöster als Schlösser und Burgen findet. Ganz so ist es dann aber doch nicht. Für dieses Buch haben wir ausreichend Objekte gefunden und mussten dazu noch eine ganze Reihe außer Acht lassen. Aufgenommen werden außerdem Schlösser und Burgen in Bayerisch-Schwaben, und ein Schloss aus Mittelfranken, das zu der schwäbischen Lienie des Hauses Oettingen gehörte. Die Münchener Schlösser haben wir in einer Gruppe zusammengefasst und den restlichen oberbayerischen Schlössern vorangestellt. Ebenso haben wir das mit den vier König-Ludwig-II.-Schlössern gemacht, die vor den anderen bayerisch-schwäbischen Schlössern und Burgen stehen. Außerdem haben wir Burgen um die wichtigsten bayerischen Seen zu eigenen Kapiteln zusammengebunden.

Nicht alle Schlösser und Burgen können besucht werden, da sie zum Teil noch privat benutzt werden oder als Hotels und Schulen eingerichtet sind. Ein Besuch lohnt sich meist dennoch, insbesondere wenn man ihn mit einer Wanderung oder Radtour verbindet. Viele Schlösser liegen in einer wunderbaren Landschaft, sodass das „Draußen" ohnehin besser als das „Drinnen" ist. Bei den Abbildungen haben wir uns bemüht, alle Jahreszeiten zu berücksichtigen. Der Besuch der meisten Schlösser ist nicht nur im Frühling oder Sommer ein Erlebnis, sondern auch im Herbst und Winter.

Viele Schlösser haben eine jahrhundertealte Geschichte, die aufzuzeigen in diesem Buch immer nur in knappen Zügen möglich ist. Vor Ort erfährt man ohnehin mehr. Es gibt aber einige, die noch relativ „frisch" sind, erst im 19. oder sogar 20. Jahrhundert gebaut wurden. Die Schlösser König Ludwigs II. sind nicht die Einzigen. Diese „neuen" Schlösser zu entdecken, dazu kann Ihnen dieses Buch verhelfen. Wir haben uns bemüht, die Öffnungs- und Besuchszeiten zu den Schlössern und Burgen aktuell zu recherchieren. Leider sind die nicht in Stein gemeißelt und werden gerne einmal verändert. Informieren Sie sich deshalb bitte sicherheitshalber vor einem Besuch.

Dabei wünschen wir Ihnen viel Vergnügen,
Mirjam Radke & Horst-Dieter Radke

München

Schloss Nymphenburg

Im Jahr 1663 kaufte Kurfürst Ferdinand Maria (1636–1679) den Schwaighof „Kemnaten" und gab im Jahr darauf ein Landschloss für seine Frau Henriette Adelheid von Savoyen (1636–1676) in Auftrag. Sie nannte es Nymphenburg. Zu einer ersten Erweiterung kam es nach 1701 durch den Sohn Max II. Emanuel (1662–1726). Im Jahr 1715 erstellte der bayerische Hofbaumeister Joseph Effner (1687–1745) den Gesamtplan für die Nymphenburg, nach dem der weitere Ausbau erfolgt. Für die Planung der Gartenanlage hatte er sich die Fähigkeiten des Pariser Gartenarchitekten Dominique Girard versichert.

Kurfürst Karl Albrecht von Bayern (1697–1745) bevorzugte Schloss Nymphenburg gegenüber anderen Schlössern und ließ bis 1745 einen Hirschjagdpark beim Schloss anlegen. Sein Sohn Maximilian III. Joseph gründete nach 1745 die Nymphenburger Porzellanmanufaktur, die 1761 in die Gebäude am nördlichen Schlossrondell verlegt wurde. Der Kanal, der über dieses Gelände läuft, treibt seitdem die mechanischen Geräte in den Gebäuden an. Ab 1792 durften auch die Münchner Bürger den Schlosspark besuchen.

Geschichte und Kultur in Schloss Nymphenburg

Über all die Jahrhunderte war Schloss Nymphenburg Schauplatz zahlreicher kultureller und historischer Ereignisse. So spielte etwa hier 1763 der siebenjährige Wolfgang Amadeus Mozart vor dem Kurfürsten. Fürsten wurden im Schloss geboren und starben dort: 1825 starb König Maximilian I. (1756–1825) im Schloss und zwanzig Jahre später wurde sein Enkel Ludwig II. (1845–1886) dort geboren. 1863 fand im Schloss das einzige Treffen zwischen Bismarck und Ludwig II. statt. Ab 1873 hielt man den Bruder des Königs, Prinz Otto, im südlichen Pavillon des Nymphenburger Schlosses in Isolation.

Als im Jahr 1918 das Schloss Staatseigentum Bayerns wurde, behielten die Wittelsbacher in einem Teil des Schlosses Wohnrecht. Das jeweilige Oberhaupt des Hauses Wittelsbach wohnt dort bis heute. Ab 1933 quartierten sich die Nationalsozialisten im Schloss ein. Im ehemaligen Marstall übten die SA und die Hitlerjugend das Exerzieren. Schloss und Park wurden von den Machthabern für rauschende Feste genutzt. Im Nordflügel wurde ab 1935 ein Jagdmuseum untergebracht. Dafür verloren die Englischen Fräulein, ein Frauenorden, ihre Schulräume. Wie brutal die Nationalsozialisten mit dem Kulturerbe umgingen,

Schloss Nymphenburg im Abendrot

Schloss Nymphenburg, von der Parkseite aus

zeigt sich insbesondere an der barocken Klosterkirche, die 1937 profanisiert und zu einem Lesesaal umgewidmet wurde. Die Grüfte der Kirche wurden zu einem Bierkeller umgebaut.

Weil Hauptschloss und Amalienburg während des Zweiten Weltkriegs durch Tarnanstriche geschützt wurden und man auch die großen Wegflächen abdunkelte, blieb das Schloss weitgehend vor Bombentreffern verschont. Nur die ehemalige Klosterkirche wurde zerstört sowie Teile des Parks und des Vorplatzes. Die Schäden wurden nach dem Krieg zügig beseitigt. Später diente das Schloss als Filmkulisse, etwa für den Film „Ludwig II." von Luchino Visconti (1906–1976) 1972. Im gleichen Jahr fanden die olympischen Wettbewerbe im Dressurreiten vor dem Schloss statt.

Schloss und Park heute

Der Besuch des Schlosses ist auch heute noch ein eindrucksvolles Erlebnis. Der Mittelpavillon, im Stil eines italienischen Landhauses erbaut, war ab 1675 fertiggestellt. Kelheimer Kalkstein diente als Baumaterial. Nach einigen kleineren Veränderungen wurden die Bauarbeiten 1679 zunächst für zwei Jahrzehnte eingestellt. Kurfürst Max II. Emanuel ließ sie ab 1702 wieder aufnehmen. Es kamen die beiden zweigeschossigen Arkaden-Galerien hinzu und daran anschließend die zwei quadratischen Pavillons zu jeder Seite. Max Emanuels Sohn, Kurfürst Karl Albrecht, ließ das Schlossrondell anlegen, das etwa 1730 fertiggestellt war. Für höhere Hofbedienstete wurden rund um das Rondell kleine Palais gebaut. 1739 kam die barocke Klosterkirche zur Heiligen Dreifaltigkeit am äußeren Nordflügel hinzu. Vom Rondell aus hat man einen wunderbaren Blick auf das Schloss in seiner gesamten Breite.

Sehenswert ist auch der Schlosspark. Ab 1701 wurde der vorhandene kleine Garten zu einem großen Landschaftspark ausgebaut – zunächst als Barockgarten, ab 1804 dann als englischer Landschaftsgarten. Das älteste in Europa befindliche Pumpwerk, 1807 erbaut, betreibt heute noch die Fontäne vor dem Schloss. Der Kanal teilt den Park in einen nördlichen und südlichen Bereich. Bei Fotografen ist der Schlosspark beliebt, weil Flora und Fauna reichhaltige Motive liefern.

Informationen

Öffnungszeiten von April bis 15.Oktober: täglich 9–18 Uhr, vom 16. Oktober bis März: täglich 10–16 Uhr. Geschlossen am 1. Januar, Faschingsdienstag, 24., 25. und 31. Dezember.

Kontakt

Schloss- und Gartenverwaltung Nymphenburg
Schloss Nymphenburg, Eingang 19
80638 München
Telefon: 089/17908-0
schloss-nymphenburg.de

Schloss Blutenburg im Winter

Schloss Blutenburg

Im Westen Münchens, im Stadtteil Obermenzing, liegt das ehemalige Jagdschloss Blutenburg. Bereits im 13. Jahrhundert hat dort eine Wasserburg existiert. Reste davon wurden bei Grabungen Anfang der 1980er-Jahre freigelegt. Herzog Albrecht III. (1401–1460) ließ die „Pluedenburg" zu einem Landsitz ausbauen, möglicherweise um einen Platz für die Schäferstündchen mit der Augsburger Baderstochter Agnes Bernauer (1410–1435) zu haben. Damit war der Vater jedoch nicht einverstanden und ließ, während sein Sohn auf einer Jagd war, Agnes verhaften und bei Straubing in der Donau ertränken. Der Herzog lebte auf der Blutenburg bis zu seinem Tod mit seiner Gemahlin Anna von Braunschweig, die er 1436 geheiratet hatte.

Die Blutenburg im Laufe der Zeit

Ab 1508 diente die Blutenburg als Jagdschloss. Im Dreißigjährigen Krieg blieb sie weitgehend von Zerstörungen verschont. In der zweiten Hälfte des 17. Jahrhunderts wurde die Burg aber zunehmend uninteressant für die Kurfürsten, da sich deren Interesse zunehmend auf Schloss Nymphenburg konzentrierte. Etwa 1676 erwarb der Münchner Notar Freiherr Anton von Berchem das Schloss für einen minimalen Betrag. Die baufällige Burg musste dringend saniert werden. Die Türme wurden verkürzt und mit Zeltdächern versehen, die Kapelle bekam ein barockes Zwiebeltürmchen. Anschließend kam sie in den Besitz der Kurfürsten zurück.

Die Blutenburg wurde auch weiterhin genutzt, sei es für die Konkubinen der Herzöge oder für hochrangige Bedienstete wie Obersthofmeister und Obersthofmarschalle. Ab 1827 wurde die Anlage an Privatleute verpachtet. In dieser Zeit diente sie auch als Ausflugsgaststätte und Schanklokal. Man wollte sogar eine Branntweinbrennerei einbauen, was aber nicht zustande kam. Die Anlage verfiel in dieser Zeit immer weiter. Die Nacht vor ihrer Abschiebung verbrachte die Tänzerin Lola Montez (1821–1861), die dem alternden Ludwig I. den Kopf verdreht hatte, auf der Blutenburg. Das Institut der Englischen Fräulein pachtete den Komplex von 1866 bis 1957.

Kriminalfall in der Blutenburg

Einige Holzskulpturen in der Schlosskappelle der Blutenburg sollen von einem unbekannten Meister aus dem 15. Jahrhundert stammen. Sie wurden 1496 von Herzog Siegmund (1439–1501) gestiftet, unter ihnen eine Madonna ohne Kind. Am Abend des 20. Januar 1971 drangen zwei Männer durch ein Fenster ein, das sie zuvor während des Besuchs in der Kapelle geöffnet hatten. Ein Dritter wartete draußen, um die Beute entgegenzunehmen. Neben der Madonna stahlen die Täter noch weitere Figuren. Man brachte das Diebesgut zunächst als „Umzugsgut" bei dem Schauspieler Walter Sedlmayr auf dessen Dachboden unter. Die Diebe wollten die Figuren dem bayerischen Staat verkaufen, was nicht gelang. Der Kopf der Bande wurde verhaftet und gestand, belastete jedoch den Schauspieler, was dazu führte, dass dieser zunächst ins Gefängnis kam und erst nach zwei Jahren rehabilitiert wurde.

Die Blutenburg heute

Das von der Würm umflossene Schloss ist heute ein beliebtes Ausflugsziel. Neben der Schlossanlage und der Schlosskapelle sind in der Blutenburg die Internationale Jugendbibliothek und die Erich-Kästner-Gesellschaft untergebracht. Man kann das Michael-Ende-Museum, den James-Krüss-Turm und das Erich-Kästner-Zimmer besichtigen. Als Letztes wurde das Binette-Schroeder-Kabinett dort untergebracht.

Innenhof mit Schlosskapelle

Innenansicht der Kapelle

Informationenen

Öffnungszeiten von April bis September: täglich 9–17 Uhr, von Oktober bis März: täglich 10–16 Uhr. Geschlossen am 1. Januar, Faschingsdienstag, 24., 25. und 31. Dezember.

Kontakt

Schloss Blutenburg
Seidweg 15
81247 München
Telefon: 089/8119808
blutenburg.de

Schloss Dachau

Es war Arnold I. von Scheyern (†1123), der um 1100 auf dem Schlossberg bei dem Ort Dahauua eine Burg erbauen ließ. Fortan nannte er sich Graf von Dachau. Als im Jahre 1182 der letzte männliche Nachfahr dieser Linie starb, kaufte Herzog Otto I. von Bayern, genannt „der Rotkopf" (1117–1183), seiner Witwe die Burg ab. Das von den Wittelsbachern dort eingesetzte Ministerialengeschlecht nannte sich ebenfalls von Dachau und hielt die Burg bis zum Erlöschen der Linie im Jahr 1439. Um 1400 wurde die bis dahin weitgehend hölzerne Burg abgerissen. In der Folge entstand eine steinerne Vierflügelanlage.

Schlosspark

Bereits Ende des 16. Jahrhunderts wurde nach Plänen des Architekten Friedrich Sustris (1540–1600) ein geometrisch geordneter Renaissancegarten angelegt. Pavillons entstanden, von denen drei heute noch erhalten sind. Von Joseph Effner wurde der Garten Anfang des 18. Jahrhunderts zu einer barocken Gartenanlage nach französischem Vorbild umgestaltet. Bereits ab 1765 wurde ein Teil der Anlage als englischer Landschaftsgarten eingerichtet, ab 1802 innerhalb der Gartenmauern Obstbäume gepflanzt. Im unteren Bereich stehen heute Bienenstöcke. Ein Bienenlehrpfad mit Informationen rund um die Bienenzucht steht den Besuchern offen. Von der Terrasse am Ende des Schlossparks hat man einen grandiosen Blick über München, bei gutem Wetter bis hin zu den Alpen.

Schloss Dachau, von der Parkseite aus

Schloss Dachau, Rückseite

Von der Burg zum Schloss

Der Ausbau zu einem Schloss fand im 16. Jahrhundert statt. Die von Hans Wisreutter eingezogene prachtvolle Holzdecke ist bis heute erhalten, doch verlor das Dachauer Schloss im 17. Jahrhundert seine Bedeutung. Die Wittelsbacher hielten sich von da an lieber in Schloss Schleißheim und später in der Nymphenburg auf. Kurfürst Max II. Emanuel ließ im frühen 18. Jahrhundert das Schloss von Hofbaumeister Joseph Effner umgestalten und ein prächtiges Treppenhaus einbauen.

Doch das prächtige Schloss nahm Schaden durch die Einquartierung der napoleonischen Truppen. König Max Joseph I. (1756–1825) ließ zu Beginn des 19. Jahrhunderts drei Flügel abreißen. Geld für eine umfangreiche Instandsetzung war auch nicht vorhanden. Nach einigen Um- und Ausbauten wurde 1977 die Renaissancedecke wieder angebracht, sodass heute der Saal in der weitgehend ursprünglichen Form zu sehen ist. Andere Teile sind jedoch im barocken Stil oder dem Régence-Stil – ein in Frankreich Anfang des 18. Jahrhunderts entstandener Kunststil – gestaltet.

Die Künstlerkolonie Dachau, zu der u.a. Wilhelm von Kobell, Carl Spitzweg, Ludwig Dill, Max Liebermann, Lovis Corinth, Max Slevogt, Franz Marc, Paula Wimmer u.a. gehörten, konnte Räume des Schlosses ab 1908 für Ausstellungen nutzen. Der Festsaal im Obergeschoss wird heute für die Dachauer Schlosskonzerte genutzt. Im Erdgeschoss befinden sich ein Restaurant und eine Konditorei.

Informationen

Öffnungszeiten von April bis September: täglich 9–18 Uhr, von Oktober bis März: täglich 10–16 Uhr. Geschlossen montags und am 1. Januar, Faschingsdienstag, 24., 25. und 31. Dezember.

Kontakt

Schloss Dachau
Schlossstraße 7
85221 Dachau
Telefon: 08131/87923
schlossdachau.com

Laubengang im Hofgarten

Schloss Fürstenried, Gartenseite

Schloss Fürstenried

Im Südwesten Münchens ist das Schloss Fürstenried zu finden. Neben der A95 führt die Forst-Kasten-Allee direkt zum Schloss, während die Autobahn vor dem Schloss nach Süden in Richtung Starnberger See wegknickt. Ursprünglich gab es eine kilometerlange Allee, die von Schloss Nymphenburg zu Schloss Fürstenried führte. Aus dieser Allee ist heute die Fürstenrieder Straße geworden, die zwar nicht mehr bis zum Schloss Nymphenburg führt, dieses aber über die Verlängerung Wotanstraße immer noch gut von Fürstenried aus erreichbar macht.

Die Geschichte des Schlosses

Bereits Ende des 17. Jahrhunderts wurde der Forstenrieder Wald zu einem jagdtauglichen Park umgestaltet. Kurfürst Maximilian Emanuel (1662–1726) kaufte 1715 die Siedlung Poschetsried samt Herrenhaus des Ferdinand Joseph von Hörwarth. Dieses ließ er von seinem Hofbaumeister in ein Jagdschloss umbauen. Besagte Allee wurde noch vor der Jahrhundertmitte angelegt.

1727 kam das Schloss anlässlich der Geburt des Kurprinzen Max III. Joseph (1727–1777) an die Kurfürstin Maria Amalie von Österreich. Von 1777 bis 1797 lebte Maria Anna Sophia von Sachsen nach dem Tode ihres Mannes in Schloss Fürstenried. Als die Franzosen München 1796/97 eroberten, wurde auch Schloss Fürstenried gebrandschatzt. Zunächst wurden französische Trappistinnen dort einquartiert, im Oktober 1800 ein französischer Oberst mit seinem Tross. 1801 wurde das Schloss zur Kaserne für ein Artilleriecorps. Sämtliche Einrichtungsgegenstände, Gemälde und anderen Kunstobjekte waren zuvor entfernt worden. Ein Nebengebäude diente von 1805 bis 1824 als Schulhaus für die umliegenden Dörfer. Ab 1820 kam weiteres Militär hinzu und während des preußisch-österreichischen Krieges (1866) und des Deutsch-Französischen Krieges (1870/71) beherbergte das Schloss ein Lazarett. 1881 wurde es dauernder Aufenthaltsort des psychisch kranken Prinzen Otto von Bayern (1848–1916) und damit nach dem Tod Ludwigs II. im Jahr 1886 nominell Königssitz. Das Schlossareal wurde von hohen Mauern eingefasst. Erst nach der Eingemeindung von Forstenried im Jahre 1912 gehörte das Schloss zum Stadtgebiet München.

Nachdem das Schloss nach dem Ersten Weltkrieg zunächst als Lazarett genutzt wurde, diente es seit 1925 als Exerzitienhaus, unterbrochen nur während des Zweiten Weltkriegs, als es wiederum Lazarett war. Von 1947 bis 1949 wurde es zudem als Priesterseminar und Ausweichquartier der theologischen Fakultät genutzt. Auch Joseph Ratzinger, der spätere Papst Benedikt der XVI., studierte in dieser Zeit dort. Eine Modernisierung der gesamten Anlage fand von 1972 bis 1976 und noch einmal von 2002 bis 2010 statt. Nach wie vor wird es als Exerzitienhaus genutzt, kann aber auch für Tagungen gemietet werden.

Die Schlossanlage

Schloss Fürstenried ist eine symmetrische barocke Schlossanlage, bestehend aus einem Hauptpavillon sowie zwei Nebenpavillons, die durch Galerien mit dem Hauptgebäude verbunden sind.

Es bestand eine Sichtachse zwischen dem Schloss und den Türmen der Frauenkirche. 2017 wurde diese Sichtachse durch eine überdimensionale Beschilderung leider beeinträchtigt.

Der königliche Schlossgarten

Der Garten ist eine Synthese aus barocker Gestaltung und Zeitgeschmack des späten 19. Jahrhunderts. Carl von Effner (1831–1884), bayerischer Hofgärtner und Hofgärtendirektor, rekonstruierte den Barockgarten, der sich in einem verwilderten Zustand befand, nach alten Plänen. Eiserne, mit Linden bepflanzte Laubengänge kamen dem damaligen Zeitgeschmack entgegen. Der Bildhauer Bruno Fischer (1860–1932) erschuf Skulpturen, die die vier Jahreszeiten darstellen und über den Garten verteilt wurden. Heute stehen sie beim Monumentalbrunnen im Park.

Im 18. Jahrhundert wurde im Garten auch Gemüse und Obst angebaut und die zum Schlossbesitz gehörenden Flächen dienten dem Schwaigbetrieb, also der Viehhaltung.

Schloss Fürstenried, Schlossmauer

Informationen

Das Schloss kann nicht besichtigt werden.

Kontakt

Schloss Fürstenried
Forst-Kasten-Allee 103
81475 München

Schlossanlage Schleißheim

Die Schlossanlage Schleißheim gehört zu den größten Schlossanlagen aus der Zeit des Absolutismus in Europa. Sie liegt am nördlichen Rand von München in der Gemeinde Oberschleißheim in einem Bereich, der von den Autobahnen 9, 92 und 99 eingefasst ist. Zu dem Komplex gehören heute drei Schlossbauten und eine Gartenanlage. Herzog Wilhelm V. von Bayern (1548–1626) kaufte im Jahr 1597 die in einer Moorgegend gelegene Schwaige Schleißheim dem Domkapitel ab. Ein Jahr später gab er die Regierungsgeschäfte an seinen Sohn Maximilian ab und zog sich in ein Herrenhaus zurück, das er in der neuen Anlage hat errichten lassen. Er ließ auch einen Gutshof und ein Gestüt bauen. Die Landwirtschaft und deren Verarbeitung – unter anderem zu Bier und Käse – war so ertragreich, dass Maximilian I. (1573–1651) die Anlage 1616 von seinem Vater gegen eine Leibrente erwarb.

Altes Schloss Schleißheim

Das 1598 errichtete Herrenhaus, der sogenannte „Wilhelmsbau“, wurde nach und nach durch unterschiedliche Höfe erweitert. Maximilian I. ließ das Schloss 1617 abreißen. In kurzer Zeit erstand auf den Kellermauern ein neues Schloss im Stil der italienischen Spätrenaissance. Bereits 1623 war es fertiggestellt. Der übernächste Schlossbesitzer, Max II. Emanuel (1662–1726), hatte hochfliegende Pläne, machte sich sogar Hoffnung auf die Kaiserwürde. Er plante deshalb

Altes Schloss Schleißheim

Altes Schloss, Westansicht

einen Neubau, in den das Alte Schloss einbezogen werden sollte. Daraus wurde jedoch nichts, und so blieb es zwar erhalten, wurde aber immer weniger genutzt. Der große Mittelsaal wurde sogar im 19. Jahrhundert als Gemeindekirche genutzt.

Der Zweite Weltkrieg brachte eine verheerende Zerstörung des Schlosses. Fast das gesamte Dach und etliche Räume wurden dabei vernichtet. In diesem Zustand verblieb es mehr als zwei Jahrzehnte. Erst 1970 begann man mit dem Wiederaufbau, der 1986 abgeschlossen war. Nicht alles wurde im Innenbereich originalgetreu rekonstruiert, sondern einige Räume zur Nutzung als Museum gestaltet. Zwei Sammlungen sind darin zu sehen: die ökumenische Sammlung „Das Gottesjahr und seine Feste" sowie eine Sammlung zur Landeskunde von Ost- und Westpreußen, darin unter anderem Werke von ostpreußischen Künstlern wie Lovis Corint und Max Halbe. Einige Kunstwerke, die ehemals im Alten Schloss hingen, befinden sich nun im neuen Schloss (so der Monatsbilderzyklus von Joachim von Sandrart) oder an anderen Orten (etwa ein Bild von Peter Paul Rubens in der Alten Pinakothek).

Die Schlossanlage beginnt mit dem Alten Schloss. Nach hinten heraus liegt zunächst der Wilhelmshof, der mit seinem Uhrenturm den Rest der Anlage, nämlichen den Wilhelmshof, begrenzt. An den Seiten schließen Wirtschaftsgebäude die Anlage ein. Diese Wirtschaftsgebäude gehen, obwohl im 18. Jahrhundert erneuert und erweitert, auf die Anfänge um 1600 zurück.

Informationen

Öffnungszeiten von April bis September: täglich 9–18 Uhr, von Oktober bis März: täglich 10–16 Uhr. Geschlossen montags und am 6. Januar, Ostermontag, 1. Mai, Pfingstmontag, 15. August, 3. Oktober und 1. November.

Kontakt

Schloss- und Gartenverwaltung Schleißheim
Max-Emanuel-Platz 1
85764 Oberschleißheim
Telefon: 089/3158720
schloesser-schleissheim.de

Altes Schloss, Brunnen

Schloss Lustheim

Anlässlich der Vermählung des Kurfürsten Max Emanuel mit der österreichischen Kaisertochter Maria Antonia im Jahre 1685 wurde am Ende des Schleißheimer Parks das Schloss Lustheim errichtet. Beauftragt wurde mit diesem Projekt der Hofarchitekt und Hofbaumeister Enrico Zuccalli (1642–1724). Er hatte zuvor schon bei der Vollendung des Schlosses Nymphenburg mitgewirkt. 1688 wurde das Jagd- und Lustschloss fertiggestellt, doch konnte sich die Kurfürstin daran nicht lange erfreuen, denn sie starb bereits 1692. Der Kurfürst war ab 1691 als Generalstatthalter der spanischen Niederlande selten in Bayern und ab 1704 im Exil. Erst 1715 kehrte er nach Bayern zurück.

Das Schloss liegt auf einer kreisrunden Fläche, die von einem Wasserkanal umflossen wird und beinahe wie eine Insel wirkt. Das Wasser wird über den Isar-Schleißheimer-Kanal zugeführt. Hinter dem Schloss hatte man mit dem Bau von Kolonnaden begonnen, die die Pavillongebäude im Norden und Süden des Schlosses außerhalb des Ringkanals miteinander verbinden sollten. Geplant waren sie für Orangerien, Festräume und Gästezimmer, doch nach Zuccallis und Max Emanuels Tod (1726) baute man nicht weiter, überließ alles dem Verfall und riss schließlich den Rest im Jahre 1741 ab.

Nicht weniger bedeutend sind die beiden erhaltenen Pavillons, die seitlich des Schlosses, außerhalb des Wasserkanals liegen. Der südliche Pavillon, zur rechten Hand des Schlosses gelegen, enthält die Renatuskapelle. Herzog Wilhelm V. hatte bereits eine Renatuskapelle errichten lassen, die beim Bau des Schlosses abgerissen wurde. Der Neubau ist ein barockes Meisterwerk, das viele Künstler jener Zeit im süddeutschen Raum inspirierte. Der Pavillon ist im Stil der ursprünglichen Gestaltung von 1995 bis 2004 restauriert worden. Der nördliche Pavillon, von Enrico Zuccalli entworfen, diente zeitweise als Pferdestall. Er ist ganz mit Fresken ausgestaltet, Nischen und Fenstern sind nicht echt, sondern gemalt. Auch dieser Pavillon ist restauriert worden, kann aber nur eingeschränkt im Sommer besichtigt werden.

Das Schloss hat eine Distanz zum neuen Schloss von mehr als einem Kilometer. Seinen Mittelpunkt bildet der über zwei Geschosse gehende Festsaal, von dem aus man in die Appartements des Kurfürsten und der Kurfürstin gelangen konnte. Das Personal war im Obergeschoss untergebracht, die Küche und die Aufenthaltsräume des Gesindes im Keller.

Auch Schloss Lustheim dient heute als Museum. Es ist Zweigmuseum des Bayerischen Nationalmuseums und enthält eine Meißener Porzellan-Sammlung, die von dem industriellen Ernst Schneider gestiftet wurde. Über 2000 Porzellan-Objekte bilden die nach der Dresdener Sammlung weltweit größte Kollektion Meißener Porzellans aus dem 18. Jahrhundert.

Informationen

Öffnungszeiten von April bis September: täglich 9–18 Uhr, von Oktober bis März: täglich 10–16 Uhr. Geschlossen montags und am 6. Januar, Ostermontag, 1. Mai, Pfingstmontag, 15. August, 3. Oktober, 1. November.

Kontakt

Schloss- und Gartenverwaltung Schleißheim
Max-Emanuel-Platz 1
85764 Oberschleißheim
Telefon: 089/3158720
schloesser-schliessheim.de

Schloss Lustheim, Westfront

Neues Schloss, Gartenfassade

Neues Schloss Schleißheim

Das neue Schloss Schleißheim war größer geplant, als es sich heute darstellt. Der Bauherr, Kurfürst Max Emanuel, machte sich um 1700 herum nicht unberechtigt Hoffnungen auf die Kaiserwürde und wollte mit einem passenden Schloss glänzen. Es kam jedoch anders, als er sich das gedacht hatte. Die Planung für das Schloss begann bereits gegen Ende des 17. Jahrhunderts. Gebaut wurde ab 1701 nach Plänen von Enrico Zuccalli. Doch bereits 1704 wurden die Bauarbeiten eingestellt. Max Emanuel hatte sich im Spanischen Erbfolgekrieg auf die Seite der Franzosen gestellt, doch der Krieg entwickelte sich nicht positiv für ihn. Als nach der verlorenen zweiten Schlacht von Höchstädt die kaiserlichen Truppen Bayern besetzten, floh Max Emanuel in die Niederlande. 1706 wurde zudem die Reichsacht über ihn verhängt. Erst 1714 setzten die Franzosen im Rastatter Frieden durch, dass man Max Emanuel wieder als Kurfürst von Bayern einsetzte.

1715 wurden die Bauarbeiten am Neuen Schloss wieder aufgenommen. Angesichts der knappen Finanzen und der reduzierten politischen Bedeutung wurde jedoch nach und nach vieles von der ursprünglichen Konzeption gestrichen. Auch die ursprünglich geplante Verbindung zum Alten Schloss entfiel. Die Bauleitung hatte der Dachauer Architekt Joseph Effner (1687–1745), der seine Ausbildung in Paris erhalten hatte und das Schlossinnere entsprechend prunkvoll gestaltete. Künstler aus Frankreich, Italien und Bayern arbeiteten bei der Innenausstattung mit. Als Max Emanuel im Jahre 1726 starb, war das Neue Schloss noch nicht fertiggestellt. Sein Sohn, Karl Albrecht, ließ manches ergänzen, doch erst der Enkel Maximilian III. Joseph (1727–1777) stellte das Neue Schloss fertig. Er ließ den Gardesaal zum Speisesaal ausbauen und vom bayerischen Bildhauer Iganz Günther (1725–1775) zwei Schlossportale schnitzen. 1819 erhielt das Schloss durch Leo von Klenze an der Fassade eine klassizistische Umgestaltung.

Bewohnt wurde das Neue Schloss jedoch nur selten. Max Emanuels Nachfolger nutzten lieber Schloss Nymphenburg, weil es näher zum damaligen München lag. Bedeutend ist jedoch die Gemäldegalerie, deren Grundstein bereits von dem Kurfürsten Max Emanuel gelegt wurde. Bereits im 18. Jahrhundert wurde es der Öffentlichkeit zugänglich gemacht und galt deshalb seither als Galerieschloss. Auch heute, mehr als drei Jahrhunderte nach der Grundsteinlegung, ist es öffentlich zugänglich und zeigt eine repräsentative Sammlung europäischer Barockmalerei.

Der Hofgarten

Der französische Gartenarchitekt Dominique Girard (1680–1738) begann mit der Gestaltung des Hofgartens (ebenfalls nach Entwürfen von Enrico Zuccalli) im Jahre 1717, nachdem auch die Arbeiten am Neuen Schloss wieder aufgenommen worden waren. Bis 1726 waren die Arbeiten abgeschlossen. Die Mittelachse diente als Bahn für das am Hof beliebte Paille-Maille-Spiel (eine Art Vorläufer des Croquet-Spiels). Erst Ende des 18. Jahrhunderts wurde dort der Große Kanal angelegt. Carl Effner restaurierte von 1865 bis 1868 den Hofgarten unter Beibehaltung der alten Struktur im Auftrag König Ludwigs I. Dieser Barockgarten ist bis heute weitgehend in seiner ursprünglichen Gestalt erhalten geblieben, abgesehen von dem Verlust manch architektonischer Dekoration durch den Zweiten Weltkrieg, und zählt deshalb neben dem großen Garten in Hannover als bedeutender, in historischer Gestalt erhaltener Barockgarten in Deutschland.

Hofgarten, Zentrale Brunnenanlage

Blick vom Neuen Schloss zu Schloss Lustheim

Skulptur im Hofgarten

Informationenen

Öffnungszeiten von April bis September: täglich 9–18 Uhr, von Oktober bis März: täglich 10–16 Uhr. Geschlossen montags und am 6. Januar, Ostermontag, 1. Mai, Pfingstmontag, 15. August, 3. Oktober und 1. November.

Kontakt

Schloss- und Gartenverwaltung Schleißheim
Max-Emanuel-Platz 1
85764 Oberschleißheim
Telefon: 089/3158720
schloesser-schliessheim.de

Burg Grünwald

Auf den ersten Blick mag diese Burg am südlichen Rand von München unscheinbar sein, aber das täuscht. Auf dieser Burg, von der heute nur noch Teile erhalten sind, wurde Geschichte geschrieben und Geschichten lassen sich mit dieser Burg verbinden. Diese Burg, der Alte Hof und die Burg Blutenburg sind die noch erhaltenen mittelalterlichen Burganlagen von München und Umgebung.

Die Burg im Zeitlauf der Jahrhunderte

Im 12. Jahrhundert ist eine urkundliche Erwähnung der Burg nahe der Ortschaft Derbolfing nachgewiesen. Sie gehörte einem Dienstmann der Grafen von Andechs namens Zirke. Ob die Grafen allerdings die Erbauer der Burg waren, konnte bislang nicht nachgewiesen werden. Der Machtbereich der Wittelsbacher erweiterte sich im folgenden Jahrhundert immer mehr, sodass auch Derbolfing an diese überging. Herzog Ludwig der Strenge kaufte die Burg dem Ulrich von Vellenbergen ab und ließ seine dritte Frau, eine Tochter Rudolfs von Habsburg, dort wohnen. Im späten 13. Jahrhundert wurden Ort und Burg in Grünwald umbenannt. Ihre strategische Bedeutung verlor die Burg nun weitgehend und wurde bald nur noch für die Jagd und intime Vergnügungen genutzt. Auch als Zufluchtsort für Herzog Albrecht III., etwa während der Münchner Pestepidemie von 1439 bis 1440, diente die Burg zuweilen.

Burg Grünwald, Innenhof

Burg Grünwald von oben

Ein Jahrhundert nach der Übernahme durch die Wittelsbacher wurde Johannes Grünwalder (1392–1452), der illegitime Sohn Herzog Johanns II. (1341–1397) von Bayern-München und seiner Geliebten Anna Pirsser, dort geboren. Seinen Namen bekam er wohl vom Ort seiner Geburt. Er schaffte es immerhin auf den Freisinger Bischofsstuhl. Im Jahre 1522 fand auf der Burg die Grünwalder Konferenz statt, auf der die Herzöge Wilhelm IV. und sein Bruder Ludwig X. (ebenfalls auf der Burg geboren) vereinbarten, dass Bayern beim alten Glauben bleiben solle, die Kirche aber reformiert werden müsse. Man sieht dies heute als den Beginn der Gegenreformation im Heiligen Römischen Reich an.

Ende des 17. Jahrhunderts verloren die Münchner Kurfürsten das Interesse an Burg Grünwald. Die Schlösser in Dachau, Schleißheim und Nymphenburg waren viel repräsentabler. Die Burg diente bald nur noch als Gefängnis und später als Pulvermagazin.

Burg Grünwald heute

Zerstörung durch Krieg und Aufstand musste Burg Grünwald nicht erleben. Nur einmal wurde sie gegen Ende des 14. Jahrhunderts von aufgebrachten Münchner Bürgern belagert, ohne dass es zu wesentlichen Zerstörungen kam. Erst ab dem 17. Jahrhundert mussten Teile der Burg, darunter auch der spätgotische Palas und die Burgkapelle abgerissen werden, weil die Isar den Burgberg unterspült hatte. Heute ist die Burg durch einen Zwinger mit Rundturm und einen Halsgraben mit vorgelagertem Erdwall geschützt. Der Bergfried in der Nordostecke ragte noch über die Burg hinaus. Ein Torturm gewährt den Einlass im Südosten. Ein kleinerer Turm mit Zinnen ist in der Nordwestecke zu finden.

Hochstapler und Komiker auf der Burg

Bei Bauarbeiten wurde 1984 auf einem Wandstück eine Zeichnung des niedergestürzten Jesus auf dem Kreuzweg gefunden. Sie konnte dem italienischen Alchemisten und Hochstapler Graf Caetano, Conte de Ruggiero, zugeordnet werden, der als erster Häftling auf der Burg einsaß. Diese und andere Zeichnungen aus Ziegelmehl sind noch heute erhalten.

Beliebt war die Burg auch beim bayerischen Komiker Karl Valentin. Letzterer widmete sein inzwischen überregional bekanntes Lied „Die oiden Rittersleit" der Burg Grünwald. Über ihn erfährt man auch einiges in der Dauerausstellung des Museums, das heute in der Burg eingerichtet ist.

Burg Grünwald, Innenraum

Eingang zur Burg

Informationen

Buchung von Führungen über das Museumspädagogische Zentrum (MPZ) (Telefon: 089/954115220 oder buchung@mpz-bayern.de). Öffnungszeiten des Burgmuseums: Mi–So 10–17 Uhr. Sowohl für Burg als auch das Haupthaus gelten ab März 2024 folgende Öffnungszeiten: Di, Mi, Fr, Sa 10–17 Uhr, Do/So 10–19 Uhr. Geschlossen an Karfreitag sowie am 24., 25. und 31. Dezember.

Kontakt

Burg Grünwald
Zeillerstraße 3
82031 Grünwald bei München
Telefon: 089/6413218
archaeologie-bayern.de/en/zweigmuseen/gruenwald/

 Burg Schwaneck

Burg Schwaneck

Auch wenn es auf den ersten Blick so aussieht – Burg Schwaneck ist keine mittelalterliche Burg. Der Bildhauer Ludwig von Schwanthaler (1802–1848) ließ sie 1843 für sich erbauen und feierte dort angeblich rauschende Feste. Schwanthaler, der von Ludwig I. (1786–1868) gefördert wurde, schuf die 1850 aufgestellte Kolossalstatue der Münchner Bavaria vor der Ruhmeshalle an der Theresienwiese. Kurz zuvor war er vom bayerischen König geadelt worden. Da er aus bürgerlichen Verhältnissen kam, waren seine Mittel beschränkt und die ursprüngliche Burg sah bescheidener aus, als sie sich heute darstellt. Viele Werke Schwanthalers wurden allerdings im Zweiten Weltkrieg zerstört.

Zwei Künstlerinnen in der Burg

Nach Schwanthalers Tod erwarb Karl Mayer Ritter, und Edler von Mayerfels (1825–1883), ein Kunsthistoriker und Altertumsforscher, die Burg. Er war genauso mittelalterbegeistert wie sein Vorgänger und ließ die Burg umbauen und erweitern. Später wohnte die in Australien geborene britische Künstlerin Edith Wentworth Dunbar (1845–1891) darin mit ihrer Schwester, nachdem sie die Burg im Jahr 1885 gekauft hatte. Sie kam nach Deutschland, nachdem sie einen Sorgerechtsprozess gegen ihren Mann in England 1880 verloren hatte. Ihre Tochter musste sie zurücklassen und sollte sie niemals wiedersehen. Ihre Bilder verkauften die beiden malenden Frauen – das war damals durchaus noch ungewöhnlich – in Pullach, wo sie ihr Atelier hatten. Auch in der Burg haben sie ihre Werke hinterlassen, und zwar im Fensterrahmen der Kapelle. Edith Wentworth Dunbar verstarb 1891 im Alter von 46 Jahren.

Von der Burg zum Bildungszentrum

Der Münchener Bau- und Immobilienunternehmer Jakob Heilmann erwarb das Gebäude Anfang des 20. Jahrhunderts, ließ es wiederum erweitern und verändern. Die Burg blieb in der Familie, bis der Landkreis München sie 1955 erwarb. Heute wird die Burg als Jugendbildungsstätte und Jugendherberge genutzt. Um vielen Gästen Platz zu bieten, wurde sie in den 1970er-Jahren um einen Anbau erweitert. Von 2003 bis 2006 ließ man sie noch einmal grundlegend renovieren. Zwischenzeitlich nutzte der Landkreis die Jugendherberge zur Unterbringung von unbegleiteten geflüchteten Jugendlichen. Seit dem 1. Juli 2017 ist sie aber wieder als Jugendherberge im Bildungszentrum im Betrieb. Außerdem wurde ein Naturerlebniszentrum auf dem Burggelände eingerichtet, das Umweltbildungsangebote für Kinder und Jugendliche anbietet.

Relief an der Burg Schwaneck

Informationen

Das Bildungszentrum Burg Schwaneck bietet zahlreiche Aktionen und Veranstaltungen für Kinder und Jugendliche.

Kontakt

Bildungszentrum Burg Schwaneck
Jugendherberge, Jugendbildungsstätte, Naturerlebniszentrum
Burgweg 10
82049 Pullach
burgschwaneck.de

Oberbayern

Schloss Hirschberg

Es gibt im Altmühltal eine ganze Anzahl von Burgen. Eine der beiden größten liegt beim Dorf Hirschberg.

Geschichte der Burg

Gegen Ende des 12. Jahrhunderts errichteten die Grafen von Grögling und Dollnstein auf dem Hirschberg unweit von Bilingriez (heute Beilngries) eine Burg. Ab 1205 nannten sie sich Grafen von Hirschberg. Die heutigen Ausmaße der Burg entsprechen in etwa denen der damaligen Burganlage. Es wurden zwar im Laufe der Jahrhunderte Veränderungen vorgenommen, dabei aber nicht die Größe der Anlage erweitert, die zweihundert Meter lang und fünfzig Meter breit ist. Die beiden Bergfriede und manches andere der alten Burg sind bis heute erhalten.

Gebhard VII., der letzte Graf derer von Hirschberg, vermachte Grafenburg und Grafschaft dem Bischof von Eichstätt. Die Grafenburg wurde so zur Bischofsburg. Die nun folgenden Burgherren erweiterten die Anlage immer wieder. Der Nordturm wurde bis zur heutigen Höhe geführt, die ursprüngliche Zufahrt in die Wehrmauer südlich des Torturms verlegt. Eine Vorburg wurde angelegt und schließlich das alte Grafenhaus durch ein dreigeschossiges Herrenhaus ersetzt. Ein Blitzschlag ließ die Burg 1632 ausbrennen und verschonte nur die Türme, das Pflegerhaus und die Kapelle.

Fast vier Jahrzehnte dauerte es, bis man mit dem Neubau begann. Nicht alles wurde im ursprünglichen Stil gebaut, und manches blieb unsaniert. Bischof Raymund Anton Graf von Strasoldo (1718–1781) ließ einen Plan erstellen, der der Schlossarchitektur des Spätbarocks gerecht werden sollte. Die bis heute sichtbare Rokoko-Schlossanlage wurde von Hofbaudirektor Moritz Pedetti (1719–1799) fertiggestellt.

Schloss Hirschberg, Rückseite

Eingang zum Innenhof

Nach der Säkularisation im Jahr 1803 fiel das Schloss an den Großherzog von Österreich-Toskana, Ferdinand III., der bayerische Staat übernahm es 1806. Gut ein Jahrzehnt später fiel es an das neu gegründete Fürstentum Eichstätt und 1833 erneut an den bayerischen Staat. Bischof Georg von Oettl (1794–1866) kaufte im Jahre 1860 das Schloss und richtete es zu einem Feriendomizil für Alumnen und Seminaristen ein.

Informationen

Öffentliche Führungen finden ausschließlich am Sonntagnachmittag und nach vorheriger telefonischer Anmeldung statt. Informationen erteilt die Tourist-Informationen der Stadt Beilngries (Telefon: 08461/8435).

Kontakt

Schloss Hirschberg
Hirschberg 70
92339 Beilngries
Telefon: 08461/64210
tagungshaus-schloss-hirschberg.de

Schloss Hirschberg, Innenhof

Die Burg heute

Auch im 20. Jahrhundert wurden noch Veränderungen vorgenommen. So entstand Ende der 1960er-Jahre am Südhang die Marienkapelle. Von 1987 bis 1992 wurden die historischen Räume generalsaniert. Der offizielle Name ist seit 2003: „Bistumshaus Schloss Hirschberg“.

Leider ist Schloss Hirschberg heute nicht so ohne Weiteres zu besichtigen, da es als Bildungshaus genutzt wird. Sehenswert sind etwa das Mittelportal des Saalbaues mit Steinskulpturen von Johann Jakob Berg, im ersten Stock des Mittelbaues der Kaisersaal, im zweiten Stock der Rittersaal mit einem Deckenfresko von Johann Michael Franz sowie die alte und die neue Schlosskapelle.

Eingang zum Schloss

Festung Willibaldsburg

Festung und Schloss Willibaldsburg

Die Willibaldsburg ist die zweite große Burganlage im Altmühltal und steht auf einem Bergsporn in Eichstädt.

Die Burg

Bereits um 1070 hat eine erste Befestigungsanlage auf dem Willibaldsberg existiert. Die Eichstätter Bischöfe hatten die Schutzaufgabe jedoch den Grafen von Hirschberg übertragen. Nach dem Aussterben ihrer Linie musste sich der Bischof selbst um die militärische Sicherung kümmern. Die Übernahme der Burg Hirschberg war dazu ein erster Schritt. Bischof Berthold von Zollern (1320–1365) begann schließlich um 1355, nach Auseinandersetzungen mit dem Domkapitel, welches dies zunächst ablehnte, die Anlage auf dem Berg auszubauen und zu einer wehrhaften Residenz zu machen.

Sein Nachfolger Friedrich IV. von Oettingen (†1415) verstärkte die Befestigung um einen Zwinger. Auch Albrecht II. von Hohenrechberg (1390–1445) und Martin von Schaumberg (1523–1590) erweiterten und verstärkten die Festung. Bischof Johann Konrad von Gemmingen (1561–1612) baute schließlich ein Renaissanceschloss in die Anlage. Vollendet wurde der Neubau allerdings erst von Johann Christoph von Westerstetten (1563–1637). Die Festung blieb jedoch nicht lange intakt, weil die Schweden sie einnahmen und bei der Rückeroberung Beschädigungen entstanden.

Im Jahre 1725 zogen die Bischöfe in ein neues Stadtschloss um. Die Willibaldsburg ereilte das Schicksal anderer Burgen: Man nutzte sie zunächst als Amtssitz, danach als Spital und schließlich als Gefängnis. Nach der Säkularisation machte der bayerische Staat die Festung durch Verkauf zu Geld. So ging die Einrichtung verloren und auch Bausubstanz verschwand durch Abbrüche. Ein lokalhistorisches Museum wurde 1886 eingerichtet. Bayern stellte die Burg 1900 unter Denkmalschutz, nachdem das Land sie vorher wieder erworben hatte. Im neuen Jahrhundert wohnte zunächst eine katholische Ordensgemeinschaft darin, ab 1944 dann Truppen der SS. Nach Plünderungen im Museum gegen Ende des Zweiten Weltkriegs wurde das Museum aufgelöst. In dem ersten Jahrzehnt nach dem Krieg diente es Vertriebenen aus den ehemaligen deutschen Ostgebieten als Unterkunft.

1962 begann man mit Sanierungsmaßnahmen, eröffnete 1976 das Jura-Museum und ab 1980 das Museum für Vor- und Frühgeschichte. Im neuen Jahrtausend kam dann ein Rundweg um die Gesamtanlage hinzu. Inzwischen ist auch eine Zweigstelle des Münchner Staatsarchivs dort untergebracht.

Der Bastionsgarten

Johann Konrad von Gemmingen ließ auch einen botanischen Garten anlegen, den Hortus Eystettensis. Dieser Garten ging nach dem Tod des Bischofs leider verloren, blieb uns aber als Konzept erhalten, nämlich durch den Prachtband des Nürnberger Apothekers Basilius Besler (1561–1629). Der Garten verfiel nach dem Tod des Bischofs, weitere Teile gingen später bei der Erweiterung der Bastion verloren. Auch der Dreißigjährige Krieg hinterließ seine Spuren. Man stellte den Garten später wieder her, doch nach 1725 wurde er nur noch als Nutzgarten betrieben. Das Buch des Apothekers war eine große Hilfe, als die bayerische Schlösserverwaltung einen neuen Bastionsgarten anlegte, vermutlich nicht an der Stelle des ursprünglichen, dessen genaue Lage man nicht kennt. Immerhin enthält der neue Garten Pflanzen aus aller Welt, und zwar solche, die im Hortus Eystetensis beschrieben sind.

Informationenen

Öffnungszeiten April bis 3. Oktober: 9–18 Uhr, vom 4. Oktober bis März: 10–16 Uhr. Geschlossen montags, außer am 6. Januar, Ostermontag, 1. Mai, Pfingstmontag, 15. August, 3. Oktober 1. November. Geschlossen am 1. Januar, Faschingsdienstag, 24., 25. und 31. Dezember.

Kontakt

Willibaldsburg
Burgstraße 19
85072 Eichstätt
Telefon: 08421/4730

Schloss Hexenagger

Schloss Hexenagger

Das Schloss Hexenagger liegt auf einer vorspringenden Bergzunge über dem Schambachtal, direkt an der Straße von Hexenagger nach Frauenberghausen und unweit der Staatsstraße 2231 nach Riedenburg, wo die Rosenburg zu finden ist.

Schloss Hexenagger

Die Herren von Hexenagger waren es, die diese Burg erbauten, wann genau, ist unbekannt. Immerhin wird ein Dietricus von Haecsenakker erstmalig 928 urkundlich erwähnt. Im Jahre 1311 wird Gottfried von Hexenagger (†1314) Bischof von Freising. Als der Letzte des Geschlechts im Jahre 1480 stirbt, übernimmt die Familie von Helfenstein, nachdem die Witwe 1485 Graf Jörg von Helfenstein geheiratet hatte. 1528 kauft Herzog Wilhelm von Bayern die Burg und übergibt sie der Familie von Muggenthal zum Lehen. Diese bauen das Schloss wieder auf, nachdem es im Dreißigjährigen Krieg zerstört worden war.

Diesen Neubau setzt man auf die alten Grundmauern auf. Aus einer Renaissanceburg wird nun ein Barockschloss. 1724 kauft Kurfürst Karl Albrecht von Bayern (1697–1745) das Schloss, weil er einen Landsitz für seine Mätresse Maria Josepha von Morawitzky benötigt, der er es 1731 schenkt. Ihr Gatte übernahm das Schloss im Jahr 1738 und nach dessen Tod ging es an Anton von Kaiserstein. Dessen Familie verkaufte das Schloss im Jahre 1834 an die Familie von Weidenbach. Die Burg ist heute noch im Besitz der Nachfahren, der Familie Leichtfuß, und deshalb nicht öffentlich zugänglich. Es finden aber gelegentlich öffentliche Veranstaltungen statt sowie Märkte und Messen, bei denen man dann die Burg auch im inneren Bereich bewundern kann.

Informationen

Das Schloss ist in Privatbesitz und kann nicht besichtigt werden.

Kontakt

Schloss Hexenagger
Schlossbergstraße 6
93336 Altmannstein-Hexenagger

Schloss Rosenburg

Nicht weit entfernt von Schloss Hexenagger liegt die Höhenburg Rosenburg auf einem Bergrücken im Altmühltal bei Riedenburg. Sie wurde vermutlich um die Mitte des 12. Jahrhunderts von Mitgliedern des altbayrischen Adelsgeschlechts der Babonen erbaut, zu denen auch die Grafen von Riedenburg gehörten. Bereits 1196 kam die Burg an Herzog Ludwig I. von Bayern (1173–1231), auch der Kelheimer genannt, weil er in diesem Ort einem Attentat zum Opfer fiel. Die Burg blieb fürderhin im Besitz der Wittelsbacher, auch wenn sie innerhalb dieser Adelslinie dann und wann in andere Hände überging. So verpfändete man sie etwa von 1330 bis 1367 an die Herren von Wolfstein und Hiltpoltstein. Im Bauernkrieg wurde die Anlage 1525 stark zerstört, doch ein Wiederaufbau fand zwischen 1556 und 1560 statt. Im Dreißigjährigen Krieg wurde die Rosenburg mehrfach geplündert. Die Österreicher eroberten die Burg im Spanischen Erbfolgekrieg im Jahre 1703.

Heute ist die gut erhaltene und aufwendig sanierte Anlage ein Burgmuseum. Auf dem Burggeländet befindet sich der Falkenhof Schloss Rosenberg.

Informationen

Die Besichtigung der Burg und der Besuch der Gaststätte sind nur in Verbindung mit dem kostenpflichtigen Besuch des Falkenhofs möglich.
Öffnungszeiten: Di–So 10–17 Uhr, letzter Einlass 16.30 Uhr.

Kontakt

Falkenhof
93339 Riedburg
Telefon: 09442/2752
falkenhof-rosenburg.de

Schloss Rosenburg

Burg Arnsberg

Burg Arnsberg

Von der einst prächtigen Burg ist heute nur noch eine Ruine übrig, allerdings sind die Reste noch geeignet, ein Hotel aufzunehmen. Dass die Burg einmal die Zierde der Gegend war, kann man nur noch erahnen, wenn man sie sich auf alten Bildern ansieht und das hinzuaddiert, was man es aus der Ferne sieht.

Die Geschichte der Burg

Die Ursprünge reichen bis ins 11. Jahrhundert zurück. Ein Gozwin von Arnsberg ist urkundlich 1087 belegt, ab 1129 die Herren von Arnsberg, die in den Diensten des Bistums Eichstätt standen. Die Burg selbst ist seit 1278 nachgewiesen. Gottfried von Heideck hatte sie als Lehen von den Eichstättern erhalten. 1305 ging sie an Herzog Otto III. von Niederbayern. Bereits 1328 wird sie erstmalig verpfändet, unter anderem an den Minnesänger Hadamar von Laaber (um 1300–um 1360). Die Fraunhofer bekamen die Burg 1365 in die Hand, betrieben aber Wegelagerei, sodass Herzog Ludwig der Bärtige im Jahre 1416 den Raubrittern die Burg wieder abnahm.

Erst 1475 erwarb das Hochstift Eichstätt die Burg wieder zurück. Sie blieb bis zur Säkularisation in deren Besitz und wurde als Sommerresidenz und für Jagdaufenthalte genutzt, 1663 noch einmal restauriert, seither aber nicht mehr gepflegt. Bereits 1763 mussten Teilabbrüche erfolgen. Nach der Säkularisation wurde die Burg großzügig als Steinbruch genutzt und Felsabstürze selbst zu Beginn des 20. Jahrhunderts kamen noch hinzu. An der Nordostecke der Vorburg wurde ein Bauernhaus errichtet und noch bis zu Beginn des 20. Jahrhunderts zwei Bauernhöfe in der Burg betrieben. Zwar wurden bereits 1869 bei der Vorburg Neubaumaßnahmen vorgenommen, doch erst ab 1931, als die Familie Weiß die Burg erwarb, in deren Besitz sie noch heute ist, wurden wieder Restaurierungsarbeiten vorgenommen. Seit 1972 wird der Südtrakt der Vorburg als Hotel und Gaststätte genutzt. Weitere Sanierungen erfolgten seit dem Jahre 2000.

Vorburg

Burgmauer

Burgkapelle in der Vorburg

Der heutige Zustand

Der Bergfried ist nur noch als etwa 10 Meter hoher Stumpf erhalten. 1763 und noch einmal 1865 hatte man ihn abgetragen und die Steine anderweitig verwendet. Von der Hauptburg haben sich nur Mauerreste erhalten. Reste der Kernburg aus dem 13. Jahrhundert liegen auf einem Felsriff, das nach Nordwesten liegt. Bis zu vier Meter ragt die Kalksteinmauer noch hoch. Der Nordostteil ging allerdings bei einem Felssturz verloren. Die Vorburg ist gut erhalten und wird, wie schon gesagt, als Hotel genutzt, das als Schloss Arnsberg firmiert.

Informationen

Das Schloss kann nur von außen besichtigt werden.

Kontakt

Schloss Arnsberg
Schloss 1
85110 Kipfenberg
Telefon: 08465/3154
www.schloss-arnsberg.de

Schloss Hohenkammer von Südwesten

Schloss Hohenkammer von Nordosten

Schloss Hohenkammer, Schlossgraben mit Blick auf das Hotel

Schloss Hohenkammer

Nördlich von München, zwischen Petershausen und Allershausen, liegt der Ort Hohenkammer, an dessen westlichem Rand das Schloss Hohenkammer liegt.

Die Geschichte des Schlosses

Die Ursprünge reichen bis in das 11. Jahrhundert zurück. Die hohen Herren von Camer, Ministeriale der Grafen von Scheyern, besaßen zu jener Zeit eine Burg Hohenkammer. Der Besitz der Hofmark Hohenkammer lag von 1551 bis 1801 bei den Grafen von Haslang, die zum bayerischen Uradel gehörten. Nachdem die Burg 1648 einem Brand zum Opfer gefallen war, ließen sie es als Renaissanceschloss wieder aufbauen, das in den folgenden Jahrhunderten wechselnde Besitzer bekam. Die Grafen von Preysing übernahmen das Schloss 1804 und verkauften es 1821 an den Verleger Johann Friedrich Freiherr von Cotta (1817–1832). Nach seinem Tod übernahm es die Familie von Vequel-Westernach, die es im Jahr 1917 an die Raiffeisen-Genossenschaft veräußerte. Ab 1970 war darin das Schulungszentrum der bayerischen Raiffeisen-Zentralbank untergebracht.

Die heutige Nutzung

Die Münchener Rückversicherungs-Gesellschaft übernahm 2003, gründete die Schloss Hohenkammer GmbH und betreibt seither ein Hotel und Tagungszentrum im Schloss. Im Jahr 2017 wurde das Schlossrestaurant im Guide Michelin 2017 mit einem Stern ausgezeichnet.

Schloss Hohenkammer besteht aus einer vierflügeligen Anlage mit erkerartigen Ecktürmen und einem quadratischen Torturm und einem Laubeninnenhof. Es ist denkmalgeschützt.

Das Schloss ist über die Bundesstraße 13 (Würzburg–München) und die Staatsstraße 2054 (Landsberg am Lech – Geisenhausen) gut zu erreichen. Vom Schloss ausgehend, bieten sich verschiedene Rundwanderungen ins Umland an.

Informationen

Wer kein Hotelgast oder Teilnehmer einer Tagung oder eines Events ist, kann das Schloss allerdings nur von außen besichtigen.

Kontakt

Schloss Hohenkammer GmbH
Schlossstraße 18–25
85411 Hohenkammer
Telefon: 08137/93 40
schlosshohenkammer.de

Burg Tittmoning, Eingang

Burg Tittmoning, Traidkasten

Burg Tittmoning

Auf einem Bergkegel ragt die Burg über der Stadt Tittmoning, dicht an der Grenze zu Österreich. Ein tiefer Halsgraben erschwerte die Eroberung. Obwohl die Burg im Laufe der Jahrhunderte einiges an Zerstörung hinnehmen musste, ist die verbliebene Bausubstanz noch sehr eindrucksvoll.

Die Geschichte der Burg

Erbaut wurde die Burg bereits im frühen 12. Jahrhundert, doch ist darüber und auch über die damaligen Besitzer kaum etwas bekannt. Erstmals urkundlich erwähnt wird sie 1234. Der Salzburger Erzbischof Eberhard II. von Regensberg (1170–1246) erwarb sie als Grenzburg gegen das weiter südlich liegende bayerische Burghausen. Die Burghut wurde von den Salzburgern immer nur auf kurze Zeit verliehen und die Kastellane wechselten häufig. Wulfing von Goldegg (†1343) war nicht nur Lehensträger des Erzbischofs, sondern auch des bayerischen Herzogs auf Burg Dornberg. In der Schlacht bei Mühldorf 1322 stellte er sich auf die Seite Kaiser Ludwigs des Bayern. Als dieser 1324 Tittmoning belagerte, öffnete er ihm die Stadt und die Burg. Die Stadt wurde geplündert, die Burg zerstört und 1327 für 5500 Salzburger Pfennige an das Erzbistum zurück verkauft. 1338 wurden die Befestigungen verstärkt und im 15 Jahrhundert zu einer spätgotischen Festung erweitert. Ein mächtiger Getreidespeicher, ein sogenannter Traidkasten, entstand im 16. Jahrhundert.

Als Fürsterzbischof Wolf Dietrich von Raitenau (1559–1617) einen Salzkrieg um das Salzbergwerk Berchtesgaden mit dem Herzogtum Bayern begann, führte das zu einem Angriff am 22. Oktober 1611. Die Burg wurde dabei in Brand geschossen. Der Bayernherzog Maximilian I. (1573–1651) gewährte freien Abzug mit Gepäck und Waffen und besetzte anschließend die Burg. Im Jahre 1614 durfte das Erzbistum Salzburg die Burg wieder einmal zurückkaufen. Der Neuaufbau geschah in den Jahren von 1614 bis 1617, allerdings rüstete man es dabei zum Jagdschloss um. Die Burgkapelle wurde gegen Ende des 17. Jahrhunderts renoviert.

Im Jahre 1790 verließ Freiherr von Schaffmann, der letzte Kommandant, die Burg. Sie blieb unbesetzt, bis die französische Besatzung 1805 für einen Brand sorgte, bei dem unter anderem der Bergfried zerstört wurde. Die Burg fiel 1816 an Bayern, 1852 kaufte die Stadt die Burg, begann 1907 mit Restaurierungsmaßnahmen und richtete 1911 ein Museum dort ein. Im Zweiten Weltkrieg wurde sie Gefangenenlager für Offiziere und danach zunächst Durchgangslager für Flüchtlinge und Heimatvertriebe. Ab 1953 wurde wieder saniert.

Die Burg heute

Das, was heute noch zu sehen ist, stammt im Wesentlichen aus dem 15. und 16. Jahrhundert. Aus früherer Zeit sind zwei Kreuzgewölbe und ein Brunnen erhalten. Einen imposanten Eindruck macht immer noch der Traidkasten (Getreidespeicher) mit dem mächtigen Walmdach. Die 1693 errichtete Schlosskapelle St. Michael wurde 1694 dem Erzengel Michael geweiht. Sie ersetzte eine Kapelle aus dem 13. Jahrhundert. Der Innenraum wird durch einen mächtigen Altar aus rotem Marmor dominiert.

Das vom Historischen Verein 1911 eingerichtete Museum ist seit 1953 wieder in der Burg. Inzwischen ist eine Stiftung der Träger. Im Jahr 2004 kam eine Gerbereiausstellung im Getreidekasten hinzu.

Informationen

Öffnungszeiten des Museums: vom 1. Mai bis 3. Oktober: Mi–So 14–17 Uhr.

Kontakt

Tourist-Informationen
Stadtplatz 1
84529 Tittmoning
Telefon: 08683/700710

Schloss Hohenaschau

Schloss Hohenaschau

Mitten im Priental thront weithin sichtbar Schloss Hohenaschau, eine bereits im 12. Jahrhundert entstandene Höhenburg. Sie ist über die Staatsstraße 2093 von Frasdorf über Aschau im Chiemgau zu erreichen.

Geschichte und Entwicklung des Schlosses

Die Salzburger Bischöfe verwalteten bereits seit dem späten 9. Jahrhundert das Gebiet im Priental. Die Grafen von Falkenstein wurden vom Kloster um 1158 als Vögte eingesetzt. Diese benannten um 1165 die Herren von Hirnsberg als Untervögte, die umgehend ins Printal zogen, eine Burg errichteten und sich nun „von Aschau" nannten. Sie hielten den Besitz noch, nachdem die Falkensteiner ausgestorben waren und die Wittelsbacher übernommen hatten.

Diese ursprüngliche Burg bestand vermutlich nur als Palas, Turm und Ringmauer. Eine erste urkundliche Erwähnung fand das Castro Aschawe um 1170 im Codex Falkensteinensis. Als die Aschauer im 14. Jahrhundert wirtschaftliche Probleme bekamen, verheirateten sie eine Tochter mit dem vermögenden bürgerlichen Friedrich von Katzenberger und erlangten dadurch wieder großen Wohlstand. Doch dieser währte nur kurze Zeit, gegen Ende des 14. Jahrhunderts war die Familie wieder verarmt und starb aus.

Nun gelangte die Burg in den Besitz der Freiherren von Freyberg und wurde in der Folge bis zum Anfang des 17. Jahrhunderts umfangreich ausgebaut. 1529 wurden die Prientaler Besitzungen des Erzbistums Salzburg gekauft. Nach dem Tod des letzten männlichen Freybergers im Jahr 1606 ging die Herrschaft durch Heirat auf die Familie Preysinger über. Unter ihnen wurde das Schloss zum Mittelpunkt ihrer Herrschaft. Der weitere Aus- und Umbau, insbesondere die

Gestaltung, wurde nun im Stil des Hochbarock vorgenommen. Nach dem Aussterben der Preysinger wechselte das Schloss mehrfach den Besitzer und kam schließlich 1875 in den Besitz des Industriellen Theodor von Cramer-Klett. Das Schloss wurde danach mehrfach erweitert und modernisiert.

Zweimal wurde die Burg angegriffen und erobert, einmal im Jahr 1704 während des Spanischen Erbfolgekriegs und erneut 1809 durch aufständische Tiroler. Bausubstanz wurde bei diesen Angriffen kaum beschädigt, aber durch Plünderung ging viel von der Einrichtung verloren. Im Ersten Weltkrieg wurde das Schloss als Lazarett genutzt. 1942 musste die Familie das Schloss an das Deutsche Reich verkaufen, das es bis zum Kriegsende als Marineerholungsheim nutzte. Nach dem Krieg übernahm die Bundesrepublik Deutschland das Schloss. Seit 1960 ist es an das Sozialwerk der Bundesfinanzverwaltung vermietet und wird als Erholungsheim genutzt. Führungen durch das Schloss sind im Sommer möglich. Seit 1988 ist das Priental-Museum im Schloss untergebracht.

Ein Gang durch die Burg

Wer an einer Führung teilnehmen will, muss zunächst die 80 Treppenstufen zum Haupteingang bewältigen und das Basteitor durchschreiten. Dort am Eingang beim mittleren Burgtor ist das Prientalmuseum zu finden, die Kasse und die Gastronomie mit Panoramaterrasse. Durch das Rittertor gelangt man in den Innenhof mit Brunnen. Dort steht auch der Bergfried, der noch aus dem 12. Jahrhundert stammt. Im Nordflügel der historischen Ringburg gelangt man in den ältesten Raum der Burg aus dem 16. Jahrhundert, der heute die Baugeschichte der Burg dokumentiert. Sehenswert sind auf der anderen Seite des Innenhofs die Preysingsäle, die von italienischen Stuckateuren im Barockstil verziert wurden. Auch die barocke Schlosskapelle ist – spätestens auf dem Rückweg – einen Besuch wert.

Innenhof

Rundturm

Informationen

Das Schloss ist nur ihm Rahmen einer Führung von Mai bis Ende Oktober zu besichtigen: Di/Do 13.30 und 15 Uhr, Mi/Fr 10 und 11.30 Uhr, So/Feiertage 13.30 und 15 Uhr. Treffpunkt ist am Burgladen im Schloss. Das Preintalmuseum und der Burgladen sind jeweils eine halbe Stunde vor der ersten Führung geöffnet.

Kontakt

Tourist Info Aschau i. Chiemgau
Kampenwandstr. 38
83229 Aschau i.Chiemgau
Telefon: 08052/9049 0
www.aschau.de/schlosshohenaschau

Schloss Neubeuern

Schloss Neubeuern

Schloss Neubeuern gehört sicherlich zu den bekannten Schlössern nicht nur in Bayern, weil es seit den 1950er-Jahren immer wieder in Film und Fernsehen zu sehen ist. Es ist von Rosenheim und der A8 (Abfahrt Rohrdorf) über die Staatsstraße 2359 zu erreichen. Bereits von der A8 und der A93 (Abfahrt Reischenhart) ist der hoch über das Inntal ragende Bergfried des Schlosses zu sehen.

Die Geschichte der Burg

Das Schloss im Inntal geht zurück auf eine Höhenburg aus dem 12. Jahrhundert und wurde vermutlich von einem Ministerialen der Grafen von Frontenhausen erbaut. Konrad IV. von Frontenhausen (1170–1226) wird 1204 zum Bischof in Regensburg gewählt. Er vermacht die Burg dem Hochstift von Regensburg. Aus dieser Zeit ist jedoch nur noch der Bergfried erhalten. 1234 wird die Burg Graf Konrad von Wasserburg übergeben, der eine Ringmauer mit neun Türmen errichtet haben soll. Im Jahre 1388 verkaufte der Bischof die Burg aus Geldnot, und über einige Umwege kommt sie an die Ritter von Thurn.

Bis 1632 ist sie im Besitz der Familie von Thurn, geht danach durch viele Hände, zuletzt an die von Hohenaschau. 1743 wird sie im österreichischen Erbfolgekrieg zerstört und von Johann Maximilian IV. Emanuel von Preysing (1687–1764) zu Hohenaschau völlig neu gestaltet als Schloss wiederaufgebaut. Auch die Schlosskapelle wurde im Stil des bayerischen Rokoko durch Philipp Millauer (1710–1753) neu errichtet.

Das Schloss

Der Niederländer Jan Wendelstadt erwarb die Burg im Jahr 1882. Er wurde ein Jahrzehnt später durch Heirat mit der Gräfin Julie von Degenfeld-Schonburg, einer Hofdame der Königin von Württemberg, zum Baron. Damit war der Adel auf dem Schloss wieder eingezogen.

Nach einem Brand im Jahre 1893 musste der Ostteil des Schlosses renoviert werden, der Mittelbau wurde Anfang des 20. Jahrhunderts neu gebaut. Bis zum Ersten Weltkrieg trafen sich hier Künstler, Schriftsteller und Musiker. Hugo von Hofmannsthal, Annette Kolb, Henry van de Velde, Arnold Böcklin, Franz von Lenbach, Franz von Stuck und viele andere gingen dort ein und aus.

Während des Ersten Weltkriegs diente das Schloss als Lazarett und wurde danach, um es erhalten zu können, zu einem Internat umgebaut, das es bis heute noch ist. Einer der ersten Schüler war Michael Mann, Sohn des Schriftstellers Thomas Mann. 1941 wurde die Schule von der NSDAP geschlossen. Die Baronin verkaufte in dieser Zeit das Schloss an das Deutsche Reich, das es nutzte, um eine nationalpolitische Erziehungsanstalt zu eröffnen. Während des Zweiten Weltkriegs und auch noch in der ersten Besatzungszeit diente es allerdings erneut als Lazarett.

Das Schloss heute

Nach dem Krieg setzten sich die Schwägerin der inzwischen verstorbenen Baronin und deren in Amerika lebende Tochter dafür ein, dass der Verkauf des Schlosses rückgängig gemacht wurde. Es wurde in eine Stiftung eingebracht, die im April 1948 die Schule in kleinem Rahmen wieder eröffnete. Heute ist es ein staatlich anerkanntes Gymnasium mit Internat und Tagesschule.

Anknüpfend an die künstlerischen Treffen auf dem Schloss Neubeuern in der Vorkriegszeit fand im Juli 1947 bei Altenbeuern ein vorbereitendes Treffen der Gruppe 47 statt und das vierte offizielle Treffen im September 1948. Für Film und Fernsehen ist das Schloss eine beliebte Kulisse.

Von der mittelalterlichen Burg ist nur noch der quadratische Bergfried zu sehen, wobei die Fenster und ein Eingang im unteren Bereich später hinzugefügt wurden. Die Kapelle und das Schloss stammen weitgehend aus dem 18. Jahrhundert. Das Schlossgebäude vorne, an der Stelle der ehemaligen Vorburg, stammt aus dem Jahr 1908.

Informationen

Eine Besichtigung des Schlosses ist nur im Rahmen von Führungen möglich.

Kontakt

Schloss Neubeuern
Schlossbergstraße 20
83115 Neubeuern
Telefon: 08035/90620
schloss-neubeuern.de

Blick über die Dächer des Schlosses

Burg zu Burghausen, Südansicht

Burg zu Burghausen

Mit der Burg in Burghausen, die oberhalb der Altstadt und der Salzach alles überragt und schon von weither sichtbar ist, hat Bayern ein echtes Alleinstellungsmerkmal: Es ist die längste Burganlage weltweit. Dies gilt zumindest seit dem Jahre 2009, in dem sie mit diesem Titel in das Guinness-Buch der Rekorde aufgenommen wurde. Vorher wurde sie als längste Burg Europas bezeichnet.

Die Burganlage

Die Höhenburg besteht aus sechs Burghöfen, die überwiegend aus Tuffquadersteinen errichtet wurden. Sie besteht aus der Hauptburg im Süden, dem inneren Burghof, daran anschließend der erste Vorhof. Der zweite Vorhof enthält das Zeughaus. Ursprünglich waren im Vierten Burghof (= dritter Vorhof) der Marstall und das Lagerhaus für das Futter der Tiere untergebracht (bis 1878). Der vierte Vorhof enthielt das Gefängnis, daran anschließend ein kleines Frauengefängnis aus dem 16. Jahrhundert. Der sechste und letzte Burghof (= fünfte Vorhof) ist stärker als die vorherigen mit Türmen und Gebäuden ausgestattet. Der Burggraben und die dahinter liegende Wehranlage sind nicht mehr erhalten. Sie wurden zu Beginn des 19. Jahrhunderts abgebrochen.

Die Geschichte der Burg

Bei Grabungen, unter anderem unter der Dürnitz, konnten Spuren entdeckt werden, die bis in das 16. Jahrhundert vor Christus zurück weisen. Von der Bronzezeit über die keltische Periode, römische Besatzungszeit bis heute ist also eine Besiedlung nachzuweisen. Die Lage der Burg, die eine gute Absicherung ermöglichte, wurde also schon sehr früh für Siedlungen genutzt. Man geht heute von einem befestigten Amtshof der agilofingischen Herzöge für die Zeit vom 8. bis zum 10. Jahrhundert aus.

Eine erste urkundliche Erwähnung als Reichsgut ist aus dem Jahr 1025 belegt. Die Grafen von Burghausen auf dem Hügel sind erstmalig mit Ulrich I. für das Jahr 1027 nachgewiesen. Doch bereits 1164 stirbt dieses Grafengeschlecht aus. Nun ging die Burg an die Wittelsbacher über. Otto I., Herzog von Bayern, ließ sie ab 1180 massiv ausbauen. Einen Neubau der Anlage veranlasste 1255 Herzog Heinrich XIII. Diese ist innerhalb der Hauptburg heute noch teilweise zu erkennen. Die Schlosskapelle gilt als die älteste frühgotische Kirche Bayerns. Ebenfalls aus dieser Zeit stammen Dürnitz und Kemenate. Die Burg galt nun als zweite Residenz der Herzöge von Niederbayern.

In den folgenden zwei Jahrhunderten erreichte die Burg durch eine intensive Bautätigkeit ihre heutige Länge von insgesamt einem Kilometer. Nach dem Landshuter Erbfolgekrieg (1504/05) und der Wiedervereinigung der bayerischen Herzogtümer verlor Burghausen jedoch unter Albrecht IV., genannt „der Weise" (1447–1508), seinen Status als Residenz. Ihre militärische Bedeutung behielt die Burg aufgrund ihrer besonderen Lage jedoch bis in die Neuzeit hinein.

Ein Modell der Burg aus dem Jahre 1574, das im Bayerischen Nationalmuseum zu sehen ist, zeigt das Aussehen und den Zustand der Anlage im 16. Jahrhundert. Noch im 18. Jahrhundert wurden die Außenwerke der Burg erweitert und verstärkt. Marschall Michel Ney (1769–1815) ließ während der napoleonischen Besatzung in den Jahren 1800 bis 1801 alle nördlichen Außenwerke abreißen. Wenige Jahre später erklärte Napoleon die Festung für veraltet. Durch die Garnison der Königlich Bayerischen Armee kam es bis zum Ende des 19. Jahrhunderts zu Umbauten, Teile der Burg wurden sogar an Privatleute verkauft. Ein Abriss der Burg nach Auflösung der Garnison konnte jedoch von den Burghauser Bürgern verhindert werden. Noch im Jahre 1896 begann man mit der Renovierung der Hauptburg, griff dabei aber leider deutlich in das Erscheinungsbild der Anlage ein. Seit der zweiten Hälfte des 20. Jahrhunderts wird an der Burg ständig renoviert.

Pulverturm

Die Burg heute

Teile der Burg sind als Veranstaltungsräume und als Wohnungen vermietet. Es befinden sich aber auch Museen darin: das staatliche Burgmuseum im ehemaligen Palas, zu dem auch die herzoglichen Wohnräume gehören, und eine Filialgalerie der bayerischen Staatsgemäldesammlungen, die Gemälde des 15. und 16. Jahrhunderts aus dem süddeutschen, bayerischen und benachbarten österreichischen Raums zeigt. Es sind hier das Stadtmuseum Burghausen, ein Foltermuseum und ein Fotomuseum im „Haus der Fotografie", das die Sammlung zeigt, die der Arzt und Geburtshelfer Dr. Robert Gerlich zusammengetragen hat, beheimatet.

Gerne wird die Burghauser Burg heute auch als Filmkulisse genutzt, zum Beispiel für „Die drei Musketiere" des Regisseurs Paul W.S. Anderson aus dem Jahre 2011.

Informationenen

Öffnungszeiten von April bis 3. Oktober: 9–18 Uhr, vom 4. Oktober bis März: 10–16 Uhr.
Geschlossen am 1. Januar, Faschingsdienstag, 24., 25. und 31. Dezember.

Kontakt

Burgverwaltung Landshut
Außenstelle Burghausen
Burg Nr. 48
84489 Burghausen
Telefon: 08677/4659
burg-burghausen.de

Schloss Stein an der Traun

Die bedeutendste Höhlenburg Deutschland ist ebenfalls in Bayern zu finden, nämlich in der Burg- und Schlossanlage Stein an der Traun. Doch diese Anlage hat noch weitere Besonderheiten zu bieten. So gehörte zeitweise ein Teil der Anlage zu Salzburg und der andere Teil zu Bayern. Außerdem war sie im 19. Jahrhundert im Besitz der Witwe des Kaisers von Brasilien.

Die Burganlage

Die Burganlage Schloss Stein besteht aus dem Hochschloss, der Höhlenburg und dem Unterschloss. Wie weit die Ursprünge des Hochschlosses zurückreichen, weiß man nicht genau. Um 1135 werden Bernhard von Stein und seine Gemahlin Elisabeth erstmals urkundlich erwähnt. Aus den Urkunden geht hervor, dass die Herren von Stein über einen Besitz verfügen. Heute lässt sich nachweisen, dass der älteste Teil der Burg auf einen Steinbau zurückgeht, der aus dem frühen 11. Jahrhundert stammt.

Die Geschichte der Schloss- und Burganlage

Als ein Nachfahre, Rapoto von Stein, sich 1192 in eine Fehde einmischte und dabei das Kloster Baumburg zerstörte, belegte ihn der Papst mit dem Kirchenbann. Wir wissen, dass er Heinrich VI. auf einen Kreuzzug folgte, denn seine Rückkehr ist für 1198 belegt. Allerdings nennt er sich nun von Falkenberg. Besitzer der Burg war inzwischen die Familie von Toerring. Wie der Besitzerwechsel stattgefunden hat, ist nicht bekannt. Ein Henricus von Törring besaß im Zeitraum von 1200 bis 1243 die Burg Stein. Um ihn ranken sich die Legenden vom Raubritter Heinz von Stein dem Wilden. Er soll wüst in der Gegend gewirkt haben, doch lässt sich dies nicht verlässlich nachweisen.

Im Jahre 1275 wurde der Grenzverlauf so festgelegt, dass die Burg den Salzburgern zufiel. Dies blieb so bis zum Jahr 1311, in dem die Reichsfreiherren Toerring die Burg als Lehen zurückerhielten, das aber bis 1809 zu Salzburg gehörig blieb. Anfang des 15. Jahrhunderts entstand das untere Schloss mit Kapelle. Auch die ersten Räume der Höhlenburg wurden gebaut. Doch erst im 15. und 16. Jahrhundert fand der Ausbau zur zweigeschossigen Anlage mit Wehrgang statt. Beide waren und blieben bayerisch. Im Jahre 1566 wurden die Herren von Toerring in den Grafenstand erhoben. Zwei aus dieser Linie wurden Bischöfe von Regensburg. Johann Albrecht Toerring (1617–1692) verkaufte schließlich die Anlage im Jahre 1661 an den Grafen Carl Fugger von Kirchberg und Weißenhorn. Durch Heirat kam sie in den Besitz der Freiherren von Lösch, wo sie bis 1829 verblieb. Während dieser Zeit wurde die Anlage umgebaut und erhielt ihre heutige Gestalt.

Im Jahre 1829 kaufte Freiherr Maximilian Joseph von Käser (1800–1849) die Burg- und Schlossanlage, veräußerte sie aber bereits 1835 an einen Münchner Bankier weiter. Amélie von Leuchtenberg, die Witwe des Kaisers von Brasilien, kaufte 1845 Schloss Stein für sich und ihre Tochter. Zu diesem Besitz gehörte unter anderem die Schlossbrauerei, die zu jener Zeit als bedeutendste in Oberbayern (außerhalb Münchens) galt. Im Schloss entfaltete sich nun ein reges gesellschaftliches Leben, zu dem auch der russische Fürst Nikolaus von Romanowsky (1843–1890) beitrug. Er verbrachte einen Großteil seines Lebens im Schloss, weil er der Neffe und Erbe seiner Tante war. Ihm ist der Umbau des Schlosses im englischen neuen Tudorstil zu verdanken.

Schloss Stein an der Traun

Das Schloss heute

1890 ging Schloss Stein an die Familie Arco-Zinnenberg. Die musste, um Schulden zu tilgen, einen großen Wald schlagen, schließlich aber doch verkaufen. Der Wald ging an den bayerischen Staat, das Schloss erwarben der Industrielle Max Wiskott und der Verleger Otto Coninx. Das Ehepaar Wiskott gründete 1948 dort ein Landerziehungsheim. Inzwischen hat es sich zu einem anerkannten Gymnasium mit Internat entwickelt. Im Gesamtkomplex von Hochschloss, Felsenburg und Unterschloss wurde 1907 die Schlossbrauerei Stein neu erbaut, die ebenfalls der Familie Wiskott gehört.

Informationen

Führungen durch die Brauerei und die Höhlenburg: von Anfang April bis Ende Oktober: Mi–Do 10.30,13.30 und16.30 Uhr, Fr/So 13.30 und16.30 Uhr. Die Führungen dauern zwei Stunden.

Kontakt

Schlossbrauerei Stein – Wiskott GmbH & Co. KG
Schlosshof 2
83371 Stein an der Traun
Kartenbestellung über das Buchungssystem unter:
steiner-bier.de/fuehrungen
steiner-bier.de

Die Schlösser um den Starnberger See

Die Schlösser, die sich um den Starnberger See gruppieren, sind zwar nicht bedeutend, dennoch aber geschichtsträchtig.

Schloss Possenhofen

Die Schlossanlage Possenhofen besteht aus dem Alten Schloss, dem Neuen Schloss und der Schlosskapelle. Es liegt an der Ostseite des Starnberger Sees im Ortsteil Possenhofen der Gemeinde Pöcking. Bekannt ist es, weil Prinzessin Elisabeth in Bayern (später berühmt als „Sisi") dort einen großen Teil ihre Kindheit verbrachte.

Die Geschichte des Schlosses

Der herzogliche Kanzler Jakob Rosenbusch erhielt im Jahre 1515 den Ort Possenhofen von Herzog Wilhelm IV. (1493–1550) unter der Bedingung, am Seeufer ein Herrenhaus errichten zu lassen, das er für Feste und Ausflüge nutzen konnte. Das zunächst errichtete Holzhaus missfiel ihm, sodass Rosenbusch das heutige Alte Schloss in Stein errichten ließ. Dafür wurde ihm die Edelmannsfreiheit gewährt und Possenhofen zur Hofmark erhoben. Nach dem Tode Rosenbuschs ging es durch mehrere Hände und wurde im Dreißigjährigen Krieg einige Male geplündert und verwüstet. Für 30 000 Gulden kaufte Kurfürst Ferdinand Maria (1636–1679) im Jahre 1668 das Schloss, das nach dessen Tod wiederum mehrfach den Besitzer wechselte.

Schloss Possenhofen

Herzog Max in Bayern (1808–1888) erwarb die benachbarten Hofmarken Possenhofen und Garatshausen mit ihren Schlössern. Er ließ das Schloss Possenhofen renovieren, innen ein repräsentatives Treppenhaus einbauen und manche andere Modernisierung vornehmen. Westlich des Schlosses, wo die alten Wirtschaftsgebäude lagen, wurde ein neues Schloss errichtet. Da der Hofraum sich nach Norden öffnet, nennt man es heute den „Hufeisenbau". Ein Badehäuschen am See kam hinzu. Die acht Kinder des Herzogpaars nannten das Schloss liebevoll „Possi". Herzogin Ludovika kam im Sommer noch in das Schloss, als ihre Kinder längst erwachsen waren, und ihre Tochter Elisabeth kehrte als Kaiserin mit ihrem Hofstaat oft hierher zurück, logierte aber im Hotel Strauch, das später in „Hotel Kaiserin Elisabeth" umbenannt wurde. 1860 wurden den Ecktürmen die Pyramidendächer abgenommen und der Mauerkranz und die Spitze des Zeltdachs mit Zinnen versehen. Herzogin Ludovika starb 1892 im Schloss.

Zwei Kriege überstanden

Nach dem Ersten Weltkrieg war Schloss Possenhofen Erholungsheim für Kinder. Die Nationalsozialisten wollten ein Müttergenesungsheim daraus machen, weshalb es die nationalsozialistische Volkswohlfahrt kaufte. Stattdessen wurde die Sanitätsausbildungseinheit der Luftwaffe darin untergebracht und später ein Lazarett. Der Freistaat Bayern übernahm 1948 das Schloss und verkaufte es an einen Industriellen, der im Hufeisenbau eine Fabrik für Fahrradhilfsmotoren einrichtete. Auch in Alkohol eingelegte Früchte wurden im Schloss produziert und Pferde gezüchtet. Schließlich diente es noch als Schafstall und verwahrloste zusehends.

Der Künstler Franz Schilke, der ein Jahr zuvor schon da Wasserschloss Schwindegg übernommen hatte, erwarb es 1981 und sanierte es dank zusätzlicher Investoren in den Jahren 1982 bis 1984 gründlich. Dabei wurde es in eine Eigentumswohnanlage umgewandelt und ist heute nicht mehr zu besichtigen. Aber das Seeufer und eine große Fläche vor dem Schloss sind für die Öffentlichkeit zugänglich.

Informationen

Schloss Possenhofen ist in Privatbesitz und kann nur von außen besichtigt werden.

Kontakt

Schloss Possenhofen
Karl-Theodor-Straße 14C
82343 Pöcking
Telefon: 08157/925932

Schloss Berg

Schloss Berg

Am Ostufer des Starnberger Sees liegt Schloss Berg, im Jahr 1640 fertiggestellt und für prunkvolle Feste und Jagden genutzt. Es müsste eigentlich noch zu den König-Ludwig-II.-Schlössern gezählt werden. Dessen Vater, König Maximilian II. (1811–1864) erwarb das Schloss und ließ es in den Jahren 1849 bis 1851 umbauen. Das Schloss erhielt vier Türme und Zinnen und später, durch Ludwig II. veranlasst, einen fünften Nordturm. Er nutzte das Schloss jedes Jahr vom 11. Mai an als Sommerresidenz und führte von dort seine Regierungsgeschäfte. Es wurde sogar eine Telefonleitung gelegt. Hier empfing er auch Richard Wagner. Nach seiner Entmündigung am 12. Juni 1886 wurde Ludwig II. nach Schloss Berg gebracht und ertrank am Tag darauf im Starnberger See unweit des Schlosses zusammen mit dem Arzt Bernhard von Gudden (1824–1886). Nach seinem Tod wurde Schloss Berg zum Museum. Nach dem Zweiten Weltkrieg besetzte amerikanisches Militär das Schloss. Da die Ecktürme im Krieg Schaden genommen hatten, wurden sie Anfang der 1950er-Jahre abgerissen und das Schloss grundlegend renoviert. Auch die Zinnen und der neugotische Fassadenschmuck wurden entfernt. Albrecht Herzog von Bayern (1905–1996) nutzte es bis zu seinem Tod als Hauptwohnsitz. Dessen Sohn ist weiterhin Besitzer.

Informationen

Schloss Berg ist in Privatbesitz und kann nicht besichtigt werden.

Kontakt

Schloss Berg
Seestraße
82335 Berg

Schloss Hirschberg am Haarsee

Zwischen der Südspitze des Starnberger Sees und Weilheim in Oberbayern liegt der kleine Haarsee, an dem das Schloss Hirschberg zu finden ist. Es wurde von 1907 bis 1909 nach Plänen des Architekten Carl Hocheder (1854–1917) im Stil des Neobarocks gebaut. Bauherr war die Familie von Hirschberg. Zuvor befanden sich hier drei Höfe, deren ältester als Schwaighof bereits für 1349 dokumentiert ist. Der königliche Kämmerer und Generalleutnant Karl von Hirschberg (1855–1927) kaufte die drei Güter in Haarsee, Gossenhofen und Rothsee im Jahr 1906 und ließ am 18. August 1907 auf dem Hügel am Haarsee den Grundstein für das neu zu erbauende Schloss legen. Im Dezember 1909 war es fertig. Es war damals bereits mit modernster Technik ausgestattet. Infolge der Hyperinflation geriet die Familie von Hirschberg 1923 in finanzielle Schwierigkeiten. Da sie das Schloss nicht mehr unterhalten konnten, vermieteten sie es an die Berliner Bankiersfamilie von Bleichröder. Nach dem Tod von Karl Rudolf von Hirschberg zog die Witwe 1929 in das Erdgeschoss und die Bleichröders in den ersten Stock um. 1938 wurde das Bankhaus wegen jüdischer Vorfahren arisiert, 1943 vom großdeutschen Reich beschlagnahmt und als Gästehaus des Reichsaußenministeriums genutzt. Mit der Familie von Hirschberg wurde ein Verkauf vereinbart, der allerdings erst nach dem Krieg rechtswirksam wurde.

Berühmtester Gast war im Jahr 1943 Benito Mussolini mit seiner Familie, der zuvor aus der Gefangenschaft befreit worden war. Der ungarische Reichsverweser Miklós Horthy wurde mit Frau und Schwiegertochter im Schloss Hirschberg 1944/45 gefangen gehalten. Bis 1961 wurde das Gebäude von der US-Regierung genutzt, zunächst für „United Nations Relief and Rehabilitation Administration“ und dann für ein Priesterseminar der ukrainischen griechisch-katholischen Kirche. Dann zog die Spätberufenenschule St. Josef der Oblaten des Heiligen Franz von Sales in das Gebäude ein. Der Bundesnachrichtendienst nutzte das Schloss von 1961 bis Juni 2000 für Schulungszwecke. Im Jahr 2004 kaufte ein Unternehmer das Schloss, um daraus einen Reiterhof zu machen. Da die Baugenehmigung für zusätzlich benötigte Gebäude nicht erteilt wurde und auch Klagen nicht halfen, zog der Unternehmer weiter und bot das Schloss zum Verkauf an. Es gelangte erst 2018 an einen Privatmann, der das Schloss selbst nutzen will. Die Stadt Weilheim hat daraufhin den Haarsee erworben, um ihn für die Öffentlichkeit zu sichern.

Informationen

Schloss Hirschberg ist in Privatbesitz und kann nicht besichtigt werden.

Kontakt

Schloss Hirschberg
Hirschberg 1
82362 Weilheim

Schloss Hirschberg am Haarsee

Schloss Höhenried

Schloss Höhenried

Auch Schloss Höhenried in Bernried ist ein Objekt neuerer Zeit. Erbauerin war Wilhelmina Busch (1884–1952), das 13. und letzte Kind von Adolphus Busch aus der Anheuser-Busch-Brauerei-Dynastie in den Vereinigten Staaten. Sie lernte den 23-jährigen Leutnant Eduard Scharrer kennen, als dieser sich auf einer Amerikareise befand. Sie heirateten 1906 und zogen nach Stuttgart. Das Ehepaar kaufte sich ein Anwesen in Bernried. Nach dem Tod ihres Mannes erfüllte sie sich ihren Traum von einem Schloss. Mit dem Bau begonnen wurde im Jahr 1937, im Februar 1938 feierte man Richtfest und im Sommer 1939 war das Schloss mit 60 Zimmern fertig.

Bei Kriegsbeginn zog Wilhelmina Busch in die Schweiz, ohne aber ihre deutsche Staatsangehörigkeit aufzugeben. Es gelang ihr, die Schweizer Gesandtschaft und das Genfer Rote Kreuz kurz vor Kriegsende nach Schloss Höhenried zu evakuieren. Das Schloss wurde dadurch vor der Zerstörung bewahrt, allerdings übernahmen die Amerikaner das Anwesen bei Kriegsende und verließen es erst im März 1946 wieder.

Wilhelmina Busch kehrte noch im Herbst nach Höhenried zurück. Sie hatte in der Schweiz den amerikanischen Generalkonsul Sam E. Woods kennengelernt, den sie im Jahr 1948 heiratete. Das Ehepaar ließ nun den 600 000 Quadratmeter großen Park umgestalten und ein Gehege mit weißen Damhirschen integrieren. Wilhelmina Busch-Woods starb 1952, ihr Ehemann ein Jahr darauf. Die Erben hatten kein Interesse an Schloss Höhenried und verkauften es 1955 an die Deutsche Rentenversicherung. Nach Umbauten wurde 1967 die Klinik Höhenried darin eröffnet. Auf dem Gelände befindet sich heute das Buchheim-Museum.

Informationen

Schloss Höhenried kann nicht besichtigt, aber für Hochzeitsfeiern und Tagungen gemietet werden.
Öffnungszeiten des Buchheim-Museums von April bis Oktober: Di–So 10–18 Uhr, von November bis März: Di–So 10–17 Uhr. Geschlossen am 24. und 31. Dezember.

Kontakt

Schloss Höhenried
Höhenried 1
82347 Bernried am Starnberger See
Telefon: 08158/2436700
schloss-hoehenried.de
buchheimmuseum.de

Die Schlösser um den Ammersee

Umrundet man den Ammersee, kann man zwar auf keine größeren Schlösser oder Burganlagen stoßen, aber doch das eine oder andere Kleinod entdecken.

Hochschloss Pähl (Ammersee)

Unweit der Gemeinde Pähl, südlich vom Ammersee gelegen, ist das romantische Schloss zu finden. Die Bezeichnung Hochschloss trägt es zu Recht, denn es liegt hoch über dem Talgrund der Ammer. Das Schloss, das heute zu sehen ist, existiert erst seit dem Ende des 19. Jahrhunderts. Der damalige Besitzer Ernst Oswald Czermak ließ die vorhandenen Ruinen eines Vorgängerbaus aus dem 12. Jahrhundert abreißen und beauftragte den Münchener Architekten Albert Schmidt (1841–1913), der bereits den Löwenbräukeller gebaut hatte, mit einem Neubau, der im Jahr 1885 im neugotischen Stil fertiggestellt wurde.

Bereits 1904 kaufte Graf Karl Otto von Holnstein das Schloss, um es im gleichen Jahr noch an Graf Bernhard von Spreti weiterzugeben. Es befindet sich noch heute im Besitz der Nachfahren des Grafen. Ab den 1960er-Jahren war es ein beliebter Schauplatz für TV-Krimiserien. Das Schloss kann nur von außen besichtigt werden, ist aber durchaus eine Wanderung wert. Über die alten Vorgängerbauten gibt es wenig Aufzeichnungen. Ein Altarbild aus der ebenfalls abgerissenen Schlosskapelle, der „Pähler Altar“, ist heute im bayerischen Nationalmuseum zu sehen.

Informationen

Das Schloss ist in Privatbesitz und kann nicht besichtigt werden.

Kontakt

Hochschloss Pähl
Am Hochschloss, Obere Burgleite 15
82396 Pähl

Hochschloss Pähl

Schloss Seefeld (Ammersee)

Östlich vom Ammersee, am kleinen Pilsensee, ist das Schloss Seefeld zu finden. Der Bergfried entstand in der Mitte des 13. Jahrhunderts auf dem Bergsporn am See. Er stand nicht isoliert, sondern war vermutlich Teil einer vorhandenen älteren Anlage. Ein erster Kapellenbau ist für die Mitte des 14. Jahrhunderts belegt. Diese Kapelle wurde ein Jahrhundert später wieder abgebrochen und eine neue an anderer Stelle gebaut. Sie wurde am 28. Dezember 1479 geweiht. Im gleichen Jahr entstand ein Wehrturm im Südosten der Burganlage. Das Schloss war inzwischen im Besitz der Grafen zu Toerring. Diese ließen im Jahre 1601 ein Brauhaus in Seefeld errichten. Instandsetzungen und Erweiterungen führten zur noch heute sichtbaren barocken Form.

Die Orangerie musste im Jahr 1897 einem Flügel des Hochschlosses weichen, der durch den Architekten Gabriel Seidl (1848–1913) gebaut wurde. Noch kurz nach dem Krieg – 1947/48 – entstanden Neubauten an der Schlossanlage. Heutiger Eigentümer ist Hans Caspar Graf zu Törring-Jettenbach, der die Anlage vollständig renovieren ließ.

Zum Schlossbesitz gehören auch der Pilsensee und der Wörthsee. An Letzterem betreibt die Schlossverwaltung einen Campingplatz. Bis Ende 2009 befand sich ein Zweigmuseum des staatlichen Museums ägyptischer Kunst im Schloss, doch werden die Räume inzwischen für Seminare genutzt.

Informationen

Das Schloss kann nur von außen oder im Rahmen einer Veranstaltung besichtigt werden.

Kontakt

Schloss Seefeld
Sekretariat
Graf-Toerring-Seefeld-Str. 11
82229 Seefeld
Telefon: 08152/79992
schloss-seefeld.com

Schloss Seefeld

Schloss Rezensried

Schlösschen Wartaweil

Schloss Rezensried

Unweit von Herrsching und über die Staatsstraße St2067 erreichbar, liegt Schloss Rezensried. Die Gemahlin des bayerischen Herzogs Ludwig der Strenge (1229–1294), schenkt im 13. Jahrhundert die Ortschaft Ried dem Zisterzienserkloster Fürstenfeld (heute Fürstenfeldbruck). Das Schloss wurde vermutlich im 16. Jahrhundert erbaut, wobei seine Baugeschichte nicht wirklich erschlossen ist. Es handelt sich um einen dreigeschossigen Mansarddachbau mit einer an die Ostseite angebaute Schlosskapelle aus dem Jahr 1572. Im Jahr 1692 erweiterte der Architekt Giovanni Antonio Viscardi (1645–1713) das Schloss, welches die Äbte von Kloster Fürstenfeld bis zur Säkularisation als Sommerresidenz nutzten. Seit 1914 ist es im Besitz von Alfred Ploetz (1860–1940), einem deutschen Arzt und Rassenforscher, und dessen Nachfahren.

Informationen

Das Schloss ist in Privatbesitz und kann nicht besichtigt werden.

Adresse

Schloss Rezensried
Rezensried 6
82211 Herrsching-Ried

Schlösschen Wartaweil

Unweit des Naturschutz- und Jugendzentrums am östlichen unteren Ende des Ammersees ist das Schlösschen Wartaweil zu finden. Wer der Erbauer des um 1900 erbauten Schlösschens ist, lässt sich nicht genau ermitteln. Ein in Pasing wohnender Kunstmaler namens Davis George oder George Davis soll es bereits 1899 für 9500 Goldmark gekauft haben. Manche vermuten in ihm auch den Erbauer.

1907 kaufte ein Münchener Arzt das Anwesen und nutzte es mit seiner Familie. Bereits vor dem Krieg wurde ein Restaurationsbetrieb im Schloss errichtet, der auch nach dem Zweiten Weltkrieg bis 1965 als Schloss-Café weiterbetrieben wurde. Ein Augsburger Industrieller erwarb den Betrieb und ließ das Schloss umbauen. Die zinnenbewehrten Türme fielen der Umgestaltung zum Opfer.

Informationen

Das Schlösschen ist in Privatbesitz und kann nicht besichtigt werden.

Kontakt

Schlösschen Wartaweil
Wartaweil 79
82211 Herrsching am Ammersee

Altes Schloss Valley

Neues Schloss Valley

Die Schlösser um den Tegernsee

Verglichen mit denen der anderen Seen, sind die Burgen und Schlösser um den Tegernsee nicht sehr zahlreich.

Altes und Neues Schloss Valley

Nicht direkt am Tegernsee, sondern nördlich desselben liegt im oberbayerischen Landkreis Miesbach der Ort Valley, in dem eine interessante Schlossanlage zu finden ist. Eine erste Burg wurde von Otto I. von Dachau-Valley (†1130) auf dem Burgberg über der Mangfall, einem Nebenfluss des Inns, erbaut. Von dieser Burg sind nur noch Mauerreste erhalten. In der zweiten Hälfte des 12. Jahrhunderts entstand im Tal das Alte Schloss, das Wilhelm IV. von Maxlrain (1590–1658) erwarb. Von 1776 bis 1778 wurde es weiter ausgebaut und diente nach 1848 ein Jahrhundert lang als Gaststätte. Von 1965 bis 1971 wohnte der Schriftsteller Michael Ende im Alten Schloss und schrieb hier seinen Roman „Momo“. Der Besitzer verkaufte das Alte Schloss und die neuen Eigentümer bewahrten es durch umfangreiche Sanierungsmaßnahmen vor dem Verfall. Heute ist darin das Orgelzentrum Valley mit einer Sammlung von mehr als 60 Orgeln zu finden.

Die Erben Wilhelm IV. errichteten unweit des Alten Schlosses im Jahre 1740 das Neue Schloss. Es brannte zwar nieder, wurde aber wieder aufgebaut, wenn auch in veränderter Gestalt. Im Jahre 1821 ist das Schloss im Besitz der Grafen von Arco, einem ursprünglich italienischen Adelsgeschlecht, aus dem Fürstbistum Trient stammend. Der um 1700 nach Bayern ausgewanderte Familienzweig besteht noch heute, während die italienische Linie ausgestorben ist. Eine Brauerei ist im Schloss seit 1630 nachgewiesen und wird bis heute dort unter dem Namen „Valleyer Schloss Bräu“ betrieben.

Informationen

Das Orgelzentrum und die Brauerei können im Rahmen einer Führung oder Veranstaltung besichtigt werden.

Kontakt

Orgelzentrum altes Schloss Valley
Graf-Arco-Str. 30
83626 Valley
Telefon: 08024 /41 44

Valleyer Schloss Bräu
Graf-Arco-Straße 19
83626 Valley
Telefon: 08024/47 72 410
valleyer.de

Schloss Ringberg (Tegernsee)

Schloss Ringberg in der Nähe des Tegernsees ist kein Schloss aus alter Zeit. Es wurde erst im 20. Jahrhundert erbaut, der Grundstein 1912 gelegt. Bauherr war Luitpold Emanuel Herzog in Bayern (1890–1973), der zusammen mit seinem Freund und Maler Friedrich Attenhuber (1877–1947) das Schloss entwarf. Er gehörte zu einer Nebenlinie der Wittelsbacher – das Schlösserbauen lag ihm also im Blut. Bauzeit und Finanzierung dauerten über 60 Jahre. Finanziert hat es der Herzog aus seinem Privatvermögen, unter anderem durch den Verkauf vorhandener Schlösser, etwa Schloss Possenhofen am Starnberger See.

Bis 1973 wohnten nur ein Hausmeisterehepaar und der Hauskünstler Friedrich Attenhuber (1877–1947) in dem Schloss. Letzterer hat alle Bilder im Schloss geschaffen und manches der Einrichtung entworfen. Nach dem Tod des Herzogs fiel das Schloss über einen bereits 1967 geschlossenen Erbschaftsvertrag an die Max-Planck-Gesellschaft. Da das Schloss beim Tod des Herzogs noch nicht vollständig fertiggestellt war, musste es weiter ausgebaut werden. Dank eines ebenfalls vererbten Barvermögens und einer Spende sind Ausbau und Unterhalt bis heute möglich.

Informationen

Alle zwei Jahre ist das Schloss an einem Tag der offenen Tür für die Öffentlichkeit geöffnet, zuletzt im Juni 2023.

Kontakt

Tagungsstätte Schloss Ringberg
Schloßstraße 20
83700 Reitrain
schloss-ringberg.de

Schloss Ringberg von oben

Teil der Nordwand

Schloss Tegernsee

Blick von der Seeseite aus

Schloss Tegernsee

Eine Besonderheit ist Schloss Tegernsee insofern, als es vor der Säkularisation ein Kloster war. Erst als es die Wittelsbacher erwarben, wurde es Schloss genannt. Der Legende nach entstand im 8. Jahrhundert am Tegernsee eine Mönchsgemeinschaft, die von den Brüdern Oatkar und Adalbert aus dem Adelsclan der Huosi stammten. Das später von Mönchen aus St. Gallen besiedelte Kloster hatte Einfluss bis nach Tirol und Niederösterreich. Historisch belegt ist jedoch nur die Existenz Adalberts. Gegen Ende des 8. Jahrhunderts wurde es karolingisches Königskloster und verfiel im 10. Jahrhundert.

Erst gegen Ende des 10. Jahrhunderts wurde Tegernsee wieder ein neues Zentrum des Christentums und der Gelehrsamkeit. Abt Gozbert (†1001) stieß die „Tegernseer Reform“ (eine Reform des Ordenslebens) an, die auch in weitere bayerische Klöster ausstrahlte. Die Blütezeit des Klosters reichte bis zum Ende des 12. Jahrhunderts. Danach verfiel es zu einem reinen Adelskloster. Im Jahre 1410 brannte das Kloster. Dann sollte es 16 Jahre dauern, bis es nach einer Visitation durch den Generalvikar Johannes Grünwalder zu einem Neuanfang kam.

Zum 700-jährigen Jubiläum im Jahre 1446 wurde ein neuer Passionsaltar eingeweiht, dessen Tafeln heute auf verschiedene deutsche Museen verteilt sind. Eine eigene Klosterdruckerei wurde im Jahr 1573 eingerichtet. Im Dreißigjährigen Krieg musste das Kloster einen schwedischen Angriff aushalten. Eine Barockisierung fand gegen Ende des 17. Jahrhunderts statt. Die Säkularisation traf das Kloster schließlich im Jahre 1803. Carl Josef Graf von Drechsel (1778–1838), der spätere Generalpostmeister, ersteigerte das Kloster, ließ den Westteil abbrechen und verkaufte das Kupfer der Dächer. 1817 erwarb König Maximilian I. Joseph (1756–1825) den immer noch bedeutenden Rest des Klosters, ließ es ab 1823 von Leo von Klenze (1784–1864) umgestalten und nutzte es als Landsitz.

Heute sind im Nordteil das Herzoglich Bayerische Brauhaus Tegernsee, im Erdgeschoss des Westflügels die Gaststätte Herzogliches Bräustüberl Tegernsee und die Schlosswirtschaft Tegernsee untergebracht. Ost- und Südflügel werden für das Gymnasium Tegernsee genutzt. Die ehemalige Klosterkirche, Pfarrkirche St. Quirin, steht im Mittelpunkt des Gebäudekomplexes.

Informationen

Eine Schlossbesichtigung ist nicht möglich, nur die ehemalige Klosterkirche kann besichtigt werden.

Kontakt

Herzogliches Schloss Tegernsee
Schlossplatz 1
83684 Tegernsee
braustuberl.de
schlosswirtschaft-tegernsee.de

Schloss Murnau

Schloss Murnau am Staffelsee

Dass Schlösser heute Museen enthalten oder selbst Museum sind, ist nichts Ungewöhnliches. Das Schlossmuseum Murnau wurde jedoch im Jahr 1995 mit dem bayerischen Museumspreis ausgezeichnet und das will schon etwas heißen.

Die Geschichte des Schlosses

Genaues ist nicht bekannt, aber verschiedene Untersuchungen, Grabfunde und Urkunden deuten darauf hin, dass schon im 11. Jahrhundert Bauten vorhanden gewesen sein mussten. Im Jahre 1322 lebte Otto von Eurasburg als Vogt in der Murnauer Burg, die damals nur aus einem Wohnturm bestand. Bald wurde dieser durch eine Umfassungsmauer erweitert. Im Westflügel des Schlosses ist dieser Wohnturm noch in Teilen erhalten. Bis ins 16. Jahrhundert hinein fanden nur kleinere Baumaßnahmen statt. Den Baubeginn des großen Südlfügels des Schlosses kann man auf 1539 datieren, weil diese Zahl in eine Steinplatte eingemeißelt ist. Seit dem 14. Jahrhundert wurde das Schloss bis zur Säkularisation 1803 als Wohn- und Amtssitz des Pflegers, der vom Kloster Ettal eingesetzt wurde, und als Gerichtssitz genutzt. Der erste nachweisbare Pfleger des Pflegamts Murnau war 1348 Heinrich von Aufkirchen.

Im Jahre 1804 ersteigerte der Magistrat von Murnau den Südflügel des Schlosses. Er wurde als Schule umgewidmet. Später kam auch der Westflügel dazu. Diese Schule der Gemeinde Murnau existierte bis 1980.

Das Museum

Fast ein Jahrzehnt stand das Schloss leer, bis die Gemeinde Murnau sich entschloss, es als Museum einzurichten. 1993 eröffnete das Schlossmuseum Murnau die Ausstellung mit Abteilungen zur Murnauer Landschaft, der Entwicklung des Marktes Murnau sowie der Malerei im 19. Jahrhundert und insbesondere der „Neuen Künstlervereinigung München" und „Der Blaue Reiter" (der Ausstellungs- und Publikationstätigkeit von Wassily Kandinsky und Franz Marc). Hinzu kamen Werke von Gabriele Münter (1877–1962) und eine Dokumentation zum Leben und Werk von Ödön von Horváth (1901–1938). Immer wieder finden Sonderausstellungen statt. Der Erfolg dieser Konzeption gipfelte schließlich im bayerischen Museumspreis.

Informationen

Ganzjährig geöffnet: Di–So 10–17 Uhr, von Juli bis Ende September an den Wochenenden bis 18 Uhr, am 1. Januar 13–17 Uhr. Geschlossen am 24, 25. und 31. Dezember.

Kontakt

Schlossmuseum Murnau
Schlosshof 2–5
82418 Murnau
Telefon: 08841/476 201
schlossmuseum-murnau.de

Schloss Herrenchiemsee

Die König-Ludwig-II.-Schlösser

Kein anderer Herrscher des 19. Jahrhunderts hat sich so leidenschaftlich als Schlossbauherr positioniert wie Ludwig II. von Bayern. Nicht zuletzt deshalb wird er auch gern als Märchenkönig bezeichnet, obwohl sein Leben keineswegs märchenhaft war.

Schloss Herrenchiemsee

Auf den ersten Blick sieht das Schloss prächtig und vollendet aus, doch wurde dieses letzte große Brauprojekt Ludwigs II. nie fertiggestellt. Er selbst lebte nur wenige Tage darin. Als der König 1886 starb, wurden die Arbeiten sofort eingestellt. Gleichwohl ist der fertiggestellte Teil eine Besichtigung wert. Wer sich am Chiemsee oder in der Nähe aufhält, wird einen Abstecher zu diesem Schloss nicht bereuen.

Insel im Kloster- und Privatbesitz

Herzog Tassilo III. von Bayern (741–796), ein Vetter Karls des Großen, gründete auf der Herreninsel im Chiemsee das Kloster Stift Herrenchiemsee, so sagt es die Legende. Neuere Forschungen datieren die Gründung aber schon ein Jahrhundert früher. Bis zur Säkularisation 1802/03 blieb die Insel im Besitz des Klosters. Der bayerische Staat verkaufte sie dann an einen Mannheimer Kaufmann, der nicht an Kultur, sondern an Gewinnmaximierung interessiert war. Er baute eine Brauerei in das Kloster und ließ dafür die Türme und den Chor der Domstiftskirche abbrechen. Über Graf Paul Maria Vogt von Hunoltstein (1840) ging die Insel an eine Württembergische Holzverwertungsgesellschaft. Als diese die alten Baumbestände abzuholzen begann, erwarb König Ludwig II. im Jahre 1873 für 350 000 Gulden die Insel und ließ das Schloss Herrenchiemsee nach dem Vorbild des Schlosses von Versailles erbauen. Entworfen hatte es Georg von Dollmann (1830–1895), ein bayerischer Baubeamter. Julius Hofmann (1804–1896), ein österreichischer Architekt, der schon mit der Innenausstattung des Schlosses Neuschwanstein beauftragt war, übernahm auch die Ausführung auf Herrenchiemsee.

Grundsteinlegung und Ausführung

Am 21. Mai 1878 wurde der Grundstein für das Schloss gelegt. Geplant war ursprünglich nur ein Pavillon, der sich im Planungsverlauf über insgesamt 13 Pläne von einem hufeisenförmigen Bau bis hin zu einem Schloss mit breiten Nebenflügeln auswuchs. König Ludwig II. kam erst wieder 1881 auf die Insel, sechs Jahre nach seinem letzten Besuch. Der Anlass war die Fertigstellung des Prunkschlafzimmers. Von da an weilte er bis 1885 jedes Jahr im Herbst für einige Tag auf der Insel.

Der französische Sonnenkönig Ludwig XIV. war das große Vorbild des bayerischen Königs, und so lag es nahe, das Neue Schloss Herrenchiemsee als Reminiszenz an den Bauherrn des Versailler Schlosses zu gestalten. Die uneingeschränkte Herrschergewalt des Bourbonenkönigs stand Ludwig II. als bayerisches Staatsoberhaupt jedoch nicht zur Verfügung. Als Regierungssitz war dieses Schloss nie geplant, sondern lediglich als privater Rückzugsort für den bayerischen König und seinen Hofstaat. Schloss Herrenchiemsee gilt als das kostspieligste der Ludwig-Schlösser. Fast 17 Millionen Mark wurden dafür ausgegeben und brachten den König an den Rand des Bankrotts. Die positive Seite war, dass sich München in jener Zeit zum führenden Zentrum des Kunsthandwerks in Deutschland entwickelte.

Schloss Herrenchiemsee, Rückseite

Brunnen vor Schloss Herrenchiemsee

Finanzierungsschwierigkeiten beendeten die Bautätigkeit nach dem Tod des Königs im Jahr 1886. Zu sehen ist heute also nur ein Torso, die geplante sehr viel umfangreichere Anlage wurde nicht zu Ende ausgeführt. Wenn man das jedoch nicht weiß, wirkt die Schlossanlage durchaus komplett.

Das Schloss heute

Nach dem Willen Ludwigs II. sollten seine Schlösser nach seinem Ableben zerstört werden. Der bayerische Staat gab sie jedoch schon kurz nach dem Tod des Königs zur Besichtigung frei. Heute ist das bayerische Versailles im Chiemsee ein beliebtes Ausflugsziel. Das Schloss ist ganzjährig geöffnet und kann im Rahmen von Führungen besichtigt werden. Einige der unvollendeten Räume im Südflügel haben das König Ludwig II. gewidmete Museum aufgenommen. Außerdem finden im großen Spiegelsaal alljährlich die Herrenchiemsee-Festspiele statt.

Informationen

Die Herreninsel ist von Prien/Stock (Hafen) mit dem Schiff zu erreichen.
Öffnungszeiten des Schlosses und König-Ludwig-Museums täglich: von April bis 24. Oktober: 9–18 Uhr und vom 25. Oktober bis 31. März: 10–16.45 Uhr. Geschlossen am 1. Januar, Faschingsdienstag, 24., 25. und 31. Dezember.

Kontakt

Schloss- und Gartenverwaltung Herrenchiemsee
83209 Herrenchiemsee
Telefon: 08051/6887900
herrenchiemsee.de

Schloss Hohenschwangau

Schloss Hohenschwangau

Die Söhne von Maximilian II. von Bayern (1811–1864), Ludwig und Otto, verbrachten ihre Kindheit auf diesem Schloss.

Die Geschichte des Schlosses

Dass die Ritter von Schwangau bereits auf dem Felsen, auf dem das heutige Schloss Neuschwanstein steht, ein „Castrum Swangowe" hatten, ist urkundlich erstmals im Jahre 1090 bezeugt. Die Ritter waren Ministerialen der Welfen. Nachdem der Staufer Konrad III. (1093–1152) zum König gewählt wurde, kam es zu einem Konflikt zwischen den Welfen und den Staufern. Welf VI. (1115–1191) verteidigte vor allem in Bayern die Ansprüche der Welfen gegen die von Konrad für Bayern eingesetzten Babenberger. Mit dem neuen König, der nach Konrads Tod im Jahr 1152 gewählt wurde, Friedrich III. von Schwaben (1122–1190), nun Friedrich I., genannt Barbarossa, verstand sich Welf VI. zunächst gut, was ihm auch einen vergrößerten Herrschaftsbereich in Italien einbrachte. Doch nach dem Tod seines einzigen Sohnes, Welf VII., verlor der Vater jegliches politische Interesse.

Er verkaufte die italienischen Besitzungen an den Kaiser. Da er keinen direkten Nachfolger mehr hatte, kamen nur seine zwei Neffen infrage. Der eine war Kaiser Barbarossa, der andere Heinrich der Löwe. Doch Heinrich konnte die Ablösesumme nicht zahlen. Nach dem Tod Welfs VI. ging der Besitz in Schwaben, und damit auch im Schwangau, an die Staufer über. Die Ritter von Schwangau bekamen ihr Lehen nun also von den Staufern, bis zum Erlöschen ihrer Linie im Jahre 1536.

1397 wurde erstmals in einer Urkunde der Schwanstein erwähnt, der unterhalb der Doppelburg auf einer Anhöhe über dem Alpsee erbaut worden war. Nachdem Ulrich von Schwangau 1428 seine Herrschaft auf vier Söhne aufteilen musste, verfiel die Herrschaft nach und nach und die Burg wechselte mehrfach den Besitzer. Zuletzt war es der Augsburger Patrizier Johann Paumgartner. Kaiser Karl V. hatte ihn 1537 zum Reichsfreiherrn geadelt. Bereits 1535 hatte er sich über einen Strohmann die Burg Schwanstein gekauft und nannte sich nun Paumgartner von Hohenschwangau zum Schwanstein. Durch den Architekten Lucio di Spazzi ließ er die Burg renovieren und zum Schloss erweitern. 1547 waren die Bauarbeiten abgeschlossen, doch bereits 1549 starb Paumgartner. Seine Söhne gerieten in Schulden und verpfändeten die Burg 1567 an den Herzog Albrecht V. von Bayern.

Im 17. Jahrhundert gingen Schloss und Regentschaft an die Wittelsbacher über, die das Schloss zunächst nur für die Bärenjagd nutzten. Im Österreichischen Erbfolgekrieg wurde es 1743 von den Österreichern geplündert. Man setzte es zwar wieder instand, doch verfiel es in den folgenden Jahrzehnten dennoch. 1803 wurde das Reichslehen Hohenschwangau dem Kurfürstentum Bayern eingegliedert, das zwei Jahre später zum Königreich Bayern wurde. Nachdem es als Quartier für französische und österreichische Truppen genutzt und auch beschossen worden war, schien das Ende des Schlosses absehbar. König Maximilian I. verkaufte es 1880 an einen Ortsansässigen zum Abbruch. Davon hörte Fürst Ludwig von Oettingen-Wallerstein und kaufte es zurück, um es zu retten. Er ließ Sicherungsmaßnahmen durchführen und verkaufte es bereits 1823 wieder an einen Privatmann.

Das neue Schloss

Der bayerische König Ludwig I. (1786–1868) hatte vor, seinem Sohn Maximilian das Hohe Schloss Füssen als Wohnsitz zu überlassen. Dieser unternahm 1829 eine Wanderung von Füssen ins tirolische Reutte, wobei er auch an Hohenschwangau vorbeikam. Er war verzaubert von dem Bau und der Lage, verzichtete auf das Schloss in Füssen, erwarb 1832 die Burg Schwanstein und nannte sie nun Schloss Hohenschwangau. Von Domenico Quaglio (1787–1837) wurde das Schloss bis 1837 im Stil der Neugotik umgebaut. Nachdem der Kronprinz 1842 Prinzessin Marie von Preußen geheiratet hatte, ließ er neue Räume und Nebengebäude bauen. Nach der Thronbesteigung im Jahr 848 wurden weitere Trakte für den Hofstaat errichtet. In der Folge diente das Schloss der königlichen Familie als Sommerresidenz. Während der Errichtung des Schlosses Neuschwanstein war Ludwig II. häufig auf dem Schloss, um bei den Bauarbeiten zuzusehen. Marie von Bayern (1825–1889) starb fast drei Jahre nach dem Tod ihres Sohnes auf Schloss Hohenschwangau.

Das Gebäude

Drei Perioden sind im heutigen Schloss vereint: Teilweise stammen die Außenmauern von der alten Burg Schwanstein aus dem 14. Jahrhundert. Diese wurden in den Neubau, der von 1537–1547 stattfand, integriert. Hinzu kam die neugotisch überformte Anlage, die in den Jahren 1833–1837 entstand. Das Schloss ist heute als Museum eingerichtet.

Informationen

Öffnungszeiten vom 1. April bis 15.Oktober: täglich 9–17 Uhr, vom 16. Oktober bis 31. März: täglich 10–15 Uhr. Geschlossen am 24., 25., 31. Dezember und 1. Januar.

Kontakt

Wittelsbacher Ausgleichsfonds
Verwaltung Hohenschwangau
Alpseestr. 25 a
87645 Hohenschwangau
Telefon: 08362/887205
hohenschwangau.de

Aufgang zum Schloss

Schloss Neuschwanstein

Schloss Neuschwanstein

Schloss Neuschwanstein ist sicher das berühmteste der Schlösser Ludwigs II. Eigentümer ist heute der Freistaat Bayern.

Die Geschichte des Schlosses

An der Stelle des heutigen Schlosses standen um 1090 zwei kleine Burgen. Die Burg Vorderhohenschwangau bestand aus einem Palas und einem Bergfried. Durch einen Halsgraben davon getrennt, stand die aus einem befestigten Wohnturm bestehende Burg Hinterhohenschwangau. Beide Burgen waren im 19. Jahrhundert bereits zu Ruinen verfallen. Für den Kronprinzen Ludwig waren diese Ruinen ein oft gewähltes Wanderziel. Nachdem Ludwig 1864 zum König gekrönt worden war, widmete er sich auch dem Schlossbauprojekt auf den Ruinen der Burg Vorderhohenschwangau. Das war insofern nicht außergewöhnlich, als in ganz Europa im Zuge der Burgenromantik neue Schlösser gebaut wurden. Anregungen erhielt der junge König durch Besuche auf der Wartburg und in Frankreich von Schloss Pierrefonds, das für Napoleon III. aus einer Burgruine zum Schloss umgestaltet wurde.

Das neue Schloss

Der Bau des Schlosses, das der König Neuschwanstein nannte, begann 1869. Es hatte damit nach Jahrhunderten ein Namenstausch zwischen den Schlössern stattgefunden. Die Entwürfe wurden während des Baus immer wieder verändert. Dies, und auch die zunehmende Geldknappheit, verzögerten den Bau immer mehr. Erst 1884 konnte der König den Palas erstmals benutzten. Bis zu seinem Tod lebte er nur 172 Tage im Schloss, das zu jeder Zeit einer Großbaustelle glich.

Neuschwanstein war dem Leben und Werk Richard Wagners gewidmet. Die Kemenate, die erst nach dem Tod Ludwigs fertiggestellt wurde, war eine Reminiszenz an den zweiten Akt der Oper Lohengrin. Wagner selbst hat das Schloss jedoch nie betreten.

Ludwig II. finanzierte seine Schlösser aus seinem Privatvermögen und dem Geld, das ihm der Staat jährlich zur Verfügung stellte. Das reichte jedoch nicht für seine Bauprojekte. Er war 1883 bereits mit mehreren Millionen Mark verschuldet und 1885 drohte ihm sogar eine Pfändung. Dies brachte die bayerische Regierung unter anderem dazu, ihn 1886 zu entmündigen und für regierungsunfähig erklären zu lassen. Er wurde von Neuschwanstein nach Schloss Berg verbracht, wo er am darauffolgenden Tag im Starnberger See ertrank.

Obwohl noch nicht fertiggestellt, wurde das Schloss bereits sechs Wochen nach seinem Tod für Besucher geöffnet. Die Eintrittsgelder sollten dazu beitragen, die Schulden abzutragen. Ludwigs Onkel Luitpold übernahm für den psychisch kranken Bruder Otto die Regierungsgeschäfte und auch die Nachlassverwaltung. Es gelang ihm, die Schulden bis 1899 zu tilgen. Einige unvollendete Räume wurden noch fertiggestellt, um den Besuchern im Schloss entgegenzukommen. Kemenate und Ritterhaus wurden nur noch als Außenbau errichtet.

Nordfassade

Blick von Westen

Vom 20. Jahrhundert bis heute

Beide Weltkriege überstand das Schloss unbeschadet. Die SS plante im April, das Schloss zu sprengen, doch der beauftragte SS-Gruppenführer setzte das Vorhaben nicht in die Tat um.

Machte das Schloss dem bayerischen Staat zu Ludwigs Lebzeiten und auch in den ersten Jahren danach noch Probleme, so ist es inzwischen ein Touristenmagnet geworden und die einzige Anlage der bayerischen Schlösserverwaltung, die mehr Ertrag bringt, als sie Kosten verursacht. Problemfrei ist die Situation dennoch nicht, denn der starke Besucherandrang insbesondere im Sommer sorgt für erhebliche Verkehrsprobleme und ist eine starke Belastung für die Anwohner. Besucher, die ohne Voranmeldung kommen, müssen unter Umständen stundenlange Wartezeiten in Kauf nehmen.

Informationen

Der Besuch von Schloss Neuschwanstein ist nur im Rahmen einer Führung möglich. Karten sollten online gebucht werden. Im Ticket-Center Hohenschwangau sind allenfalls Restkarten erhältlich. Geöffnet von 1. April bis 15. Oktober: 9–18 Uhr und vom 16. Oktober bis 31. März: 10–16 Uhr, geschlossen am 24., 25., 31. Dezember und 1. Januar.

Kontakt

Ticket-Center Hohenschwangau
Alpseestraße 12
87645 Hohenschwangau
Telefon: 08362/930830
neuschwanstein.de

Schloss Linderhof

Dieses Schloss in der oberbayerischen Gemeinde Ettal ist das einzige der Schlossbauprojekte, das zu Lebzeiten König Ludwigs II. vollendet wurde. Es ist das kleinste seiner drei Schlösser und soll sein Lieblingsschloss gewesen sein, in dem er sich am häufigsten aufhielt.

Geschichte

Nachdem Ludwig II. im Jahr 1867 begonnen hatte, sich mit den absolutistischen Königen von Frankreich zu beschäftigen, insbesondere mit Ludwig XIV., plante er ein Schloss nach dem Vorbild von Versailles. Als Ort hatte er sich dafür ein Tal in den Ammergauer Alpen ausgesucht, das er kannte, weil sein Vater, Max II., dort ein Bauernhaus besaß, das er zu einem Jagdsitz hatte umbauen lassen und das als Königshäuschen bezeichnet wurde. Das Gelände war jedoch dafür ungeeignet, sodass er mit diesem Projekt später auf die Herreninsel im Chiemsee auswich.

So ließ Ludwig 1869 das Königshäuschen erst um einen Ostflügel erweitern. Im Frühjahr ließ er einen Westflügel und einen Verbindungsflügel auf der Nordseite ergänzen. Im Februar 1873 bekam das Schloss Steinfassaden und das Dach wurde ergänzt. Das alte Königshäuschen wurde abgetragen und an einen anderen Ort in der Nähe versetzt, wo es heute noch steht. Die nun offene Südseite wurde durch einen neuen Südtrakt geschlossen. Ab diesem Zeitpunkt bildet Schloss Linderhof eine kompakte Schlossanlage. Die Innengestaltung wurde in den folgenden Jahren in Angriff genommen und im Jahre 1876 vollendet. Zugang zum Hauptgeschoss bekam man über eine zweiarmige Treppe im ehemaligen Innenhof des Gebäudes. 1885 erfolgte die letzte Umbauphase, in der das Schlafzimmer als zentraler Raum verbreitert und nach Norden verlängert wurde. Dies bedeutete erhebliche Änderungen am bereits vorhandenen Bau, die erst 1886 abgeschlossen werden konnten.

Carl von Effner (1831–1884), Königlich Bayerischer Hofgärtendirektor, übernahm die Gestaltung der Parkanlage und des Schlossgartens, der bis 1880 an-

Schloss Lindenhof

Venustempel

gelegt wurde. Die Anlage ist eine Mischung verschiedener Gartenformen. Es finden sich Anleihen aus Barock- und Rokokogärten und englische Landschaftsgärten mit Baumgruppen.

Die Schlossanlage

Schloss Linderhof, im Stil des Neorokoko angelegt, ähnelt in seiner Gestalt französischen Lustschlössern des 18. Jahrhunderts. Dennoch hat es einen eigenen Stil. Man sieht dem Schloss auch nicht an, dass es überwiegend aus Holz gebaut ist. Dies wird durch die Putzverkleidung vollständig versteckt. Die Kalksteinskulpturen an den Fassaden stammen von Philipp Perron (1840–1907), einem deutschen Bildhauer, der auch für die anderen Schlösser König Ludwigs tätig war. Der Grundriss des Schlosses ist symmetrisch, was angesichts der zufällig erscheinenden Baugeschichte etwas verwundert. Anfangs war König Ludwig in Linderhof nur sporadisch zu Gast, zumal es in der ersten Zeit nur ein Jagdhaus war, aus dem das Schloss heraus gestaltet wurde. Nach und nach änderte sich das und ab der Mitte der 1870er-Jahre löste es die Münchner Residenz in den Wintermonaten ab. Von dort aus unternahm der König Schlittenfahrten durch die bayerischen Alpen. Er besaß mehrere Jagdhäuser und Hütten, von denen einige, wie beispielsweise das Marokkanische Haus, im 20. Jahrhundert in den Park von Linderhof versetzt wurden. Im Mai zog König Ludwig dann wieder nach Schloss Berg am Würmsee (heute Starnberger See).

Informationen

Eine Besichtigung von Schloss Linderhof ist nur im Rahmen einer Führung möglich. Geöffnet vom 1. April bis 15. Oktober: täglich 8.30–17.30 Uhr, vom 16. Oktober bis 31. März: täglich von 9.30–16 Uhr. Geschlossen am Faschingsdienstag, 24., 25., 31. Dezember und 1. Januar.

Kontakt

Schloss- und Gartenverwaltung Linderhof
Linderhof 12
82488 Ettal
Telefon: 08822/92030
schlosslinderhof.de

Hohes Schloss Füssen

Bayerisch-Schwaben

Hohes Schloss Füssen

Viele, die nach Füssen kommen, interessieren sich ausschließlich für die beiden König-Ludwig-Schlösser. Dabei entgeht ihnen aber das große Burgschloss, das auf einem Hügel über der Altstadt von Füssen thront und als eine der besterhaltenen mittelalterlichen Burganlagen in Bayern gilt.

Geschichte

Bereits in der späten römischen Kaiserzeit befand sich auf dem Schlossberg das Kastell Foetibus, dass einer Nachschubeinheit der III. Italischen Legion diente. Als die Augsburger Bischöfe im 8. Jahrhundert das Kloster Sankt Mang gründeten, nutzten sie vermutlich beim Bau das römische Kastell als Materiallieferant. Weit hatten sie es dafür nicht, denn es wurde direkt zwischen Schlossberg und Lech errichtet. Als Herzog Ludwig II., genannt „der Strenge" (1229–1294), versuchte, 1292 auf dem Schlossberg eine Burg zu erbauen, bekam er Ärger mit den Bischöfen von Augsburg und musste den Bau einstellen. Im Jahre 1322 kaufte das Hochstift den Burgberg, bestimmte die Veste zum Sitz des Pflegamtes Füssen und integrierte sie in die Stadtbefestigung (1363). Unter Bischof Friedrich II. von Zollern (1451–1505) fanden umfangreiche Umbauten des Schlosses zu einer eindrucksvollen Residenz statt.

Auch Zerstörungen musste das Hohe Schloss Füssen hinnehmen, etwa 1546 im Schmalkaldischen Krieg und noch einmal 1552 durch Moritz von Sachsen.

Das Schloss aus der Stadt gesehen

Eingangstor

Auch im Dreißigjährigen Krieg nahmen Stadt und Schloss mehrfach Schaden. 1680 begann Fürstbischof Johann Christoph von Freyberg (1616–1690) mit dem barocken Innenausbau des Füssener Schlosses. Blitzschlag und die Napoleonischen Kriege fügten dem Schloss weitere Schäden zu.

Zu Beginn des 19. Jahrhunderts begann man das Hohe Schloss zu renovieren, wenn auch nicht sehr umfangreich. Immerhin wählte der bayerische Kronprinz Maximilian das hohe Schloss als Sommersitz, erwarb aber schließlich 1832 das Schloss Hohenschwangau. Später zog für eine gewisse Zeit das Amtsgericht ein, und es wurden sogar Wohnungen hineingebaut. In den 1950er- und 1960er-Jahren fand eine Sanierung des Burgschlosses und der Kapelle statt. Heute ist es Museum und der Sitz des Finanzamts.

Das Schloss heute

Trotz aller Beschädigungen, Umbauten und Renovierungen ist der spätgotische Charakter des Hohen Schlosses bis heute erhalten geblieben. Der weiß gekalkte Außenputz, der aus alpinem Kalkgestein der Umgebung hergestellt wurde, macht das Schloss weithin sichtbar. Es dient auch als Träger der Illusionsmalereien, die dem Betrachter vor allem an den Fenstern das Vorhandensein baulicher Elemente vorgaukeln. Vom Wehrgang aus kann man im Torturm bis in den sechsten Stock hinaufsteigen, von wo aus man einen Blick über das gesamte Schloss, die Stadt Füssen und das umliegende Land hat.

Die Galerie

Im Jahr 1931 richtete die Bayerische Staatsgemäldesammlung eine Filiale im Schloss ein. Schwerpunkt ist die schwäbische Malerei der Spätgotik. Im Rittersaal sind Allgäuer Skulpturen dieser Zeit zu sehen, im ersten Obergeschoss Werke der „Münchener Schule“ des 19. Jahrhunderts ausgestellt.

Informationen

Öffnungszeiten von April bis Oktober: Di–So 11–17 Uhr, November bis März: Fr–So 13–16 Uhr.

Kontakt

Füssen Tourismus und Marketing
Kaiser-Maximilian-Platz 1
87629 Füssen
Telefon: 08362/93850

Schloss Bullachberg

Südlich des Forchensees und nördlich der Schwansteiner Schlösser liegt Schloss Bullachberg vor einer wunderbaren Kulisse mit Wald und Bergen im Hintergrund. Vom Schloss selbst hat man einen Blick auf Schloss Neuschwanstein. Es ist eine gute Idee, von Schloss Hohenschwangau zum Schloss Bullachberg zu wandern und dabei den Weg am Schwansee vorbei zu wählen. Der Rundweg ist nur wenig mehr als sechs Kilometer lang.

Informationen

Das Schloss ist in Privatbesitz und kann nicht besichtigt werden. Allerdings können im Schloss vier Appartements als Ferienwohnungen gemietet werden sowie Räumlichkeiten für Hochzeiten und Veranstaltungen.

Kontakt

Elisabeth von Elmenau
Bullachbergweg 34
87645 Schangau
Telefon: 08362/9306153
bullachberg.de

Die Geschichte des Schlosses

Kronprinz Maximilian ließ in den 1840er-Jahren auf dem Bullachberg, einem in der letzten Eiszeit geformten Rundhöcker, eine Vogelhütte errichten. Dabei kamen Mauerreste zum Vorschein, die auf eine frühere Bebauung hindeuteten. Der Münchner Unternehmer Emil Papenhagen ließ dort 1907 das heutige Schloss Bullachberg errichten. Der Architekt Eugen Drollinger (1858–1930), der letzte Baumeister Ludwigs II., der auch beim Bau von Schloss Neuschwanstein beteiligt war, schuf die Entwürfe und war für die Bauausführung verantwortlich.

Schloss Bullachberg

Raphael Rainer von Thurn und Taxis (1906–1993) kaufte das Schloss 1928 und wohnte dort mit der Familie bis zu seinem Tod. Danach stand das Gebäude leer. 2006 erwarb es die Porsche AG, verkaufte es aber 2011 wieder. Im Jahre 2012 übernahm Elisabeth von Elmenau das Anwesen, sanierte es – der jahrelange Leerstand hat zu Schäden an der Bausubstanz geführt – und betreibt seither dort ökologische Landwirtschaft. Für ihre Restaurierung des Schlosses bekam sie den Denkmalpreis der Hypo-Kulturstiftung und den Denkmalschutzpreis des Landkreises Ostallgäu. Das Gebäude steht inzwischen unter Denkmalschutz. Außerdem finden Theaterabende auf Schloss Bullachberg statt.

Der Bau

Das Gebäude hat einen Grundriss von 20 mal 15 Meter und eine Wohnfläche von 900 Quadratmetern. Der Bau selbst hat Kubusform und ist mit einem Schopfwalmdach gedeckt. Ein nach Westen laufendes Querhaus und an der Nordwestecke ein Rundturm ergänzen es. An der Südseite gibt es einen von Pfeilern getragenen Balkon. Ein Erker mit achteckigem Spitzhelm ist an der Ostfassade angebracht.

Schloss Dillingen

Schloss Dillingen von oben

Schloss Dillingen an der Donau

Der quadratische Nordwestturm von Schloss Dillingen ist inzwischen zum Wahrzeichen der Stadt geworden.

Die Geschichte des Schlosses

An der Stelle des heutigen Schlosses soll bereits im 10. Jahrhundert eine Fliehburg bestanden haben, in die sich die Bevölkerung zurückziehen konnte. Dies ist bekannt, weil Bischof Ulrich von Augsburg (890–973), ein Bruder Dietpalds I., im Jahre 937 im Castellum Dilinga weilte. Urkundlich ist die spätere Burg erstmalig im Jahre 1220 erwähnt. Die Hupaldinger, ein altes schwäbisches Adelsgeschlecht, sind bereits im 9. Jahrhundert in der Gegend von Dillingen nachweisbar. Im 13. Jahrhundert nannten sie sich allerdings schon Grafen von Dillingen. Die Burg enthielt damals zwei Bergfriede und dazwischen den Palas. Durch Schenkung ging sie in den Besitz des Hochstifts Augsburg über. Von 1458 bis 1520 wurde die Umwandlung der mittelalterlichen Burg zu einem gotischen Burgschloss durchgeführt. Der Kern der alten Burg blieb im Nordflügel erhalten, wurde um die Schlosskapelle erweitert und ein West- sowie Ostflügel angefügt.

Der aus der lutherisch gewordenen freien Reichsstadt Augsburg vertriebene Bischof Christoph von Stadion (1478–1543) verlegte seine Residenz nach Dillingen. Kardinal Otto Truchseß von Waldburg (1514–1573) fügte dem Burgschloss einen Südflügel hinzu, außerdem den Rundturm an der Südwestecke. Im Jahre 1595 gab es einen Brand, der große Zerstörung anrichtete. Im 18. Jahrhundert nahm Johann Caspar Bagnato (1696–1757) einen barocken Umbau des Schlosses vor (1737–1740). Fürstbischof Johann Franz Schenk von Stauffenberg (1658–1740) ließ einen Ehrenhof und das Torhaus im Norden der Anlage errichten. Im November des Jahres 1766 hatte das Schloss Dillingen einen besonderen Gast: Der zehnjährige Wolfgang Amadeus Mozart musizierte im Dillinger Schloss.

Das Schloss heute

Nach der Säkularisation im Jahre 1803 war die Zeit für die Bischöfe in Schloss Dillingen vorbei. Heute ist das Finanzamt darin untergebracht, in den Gebäuden der ehemaligen Schlosswache sind die Kreis- und Stadtsparkasse sowie ein Restaurant untergebracht. Im Rittersaal und im Schlosshof finden Veranstaltungen und Märkte statt.

Informationen

Das Schloss kann im Rahmen von regelmäßigen öffentlichen Stadtführungen oder privat gebuchten Stadtführungen inkl. Schlossbesichtigung besichtigt werden.

Kontakt

Touristen-Informationen Dillingen a.d. Donau
(Im Rathaus)
Königstraße 37/38
89407 Dillingen
Telefon: 09071/54210

Schloss Oettingen von der Parkseite

Schloss Oettingen von der Hofseite

Die Schlösser des Hauses Oettingen

Das Haus Oettingen ist ein edelfreies fränkisches und schwäbisches Adelshaus im Riesgau und zählt zu den ältesten heute noch bestehenden Adelsgeschlechtern in Bayern. Die Oettinger zählen zum Hochadel und leiten ihre Herkunft von dem bereits um 1053 urkundlich erwähnten „Fridericus comes", einem Pfalzgrafen in Schwaben ab. Die Stammreihe der Grafen beginnt mit Ludwig I. von Oettingen, der im Jahr 1141 als Zeuge in einer Königsurkunde erscheint. Das Haus teilte sich in die Linien Oettingen, Wallerstein, Flochberg. In der Reformationszeit wandten sich die beiden Vertreter der Linie Oettingen der neuen Lehre zu und wurden evangelisch (diese Linie erlosch 1731), während die Linie Wallerstein katholisch blieb und sich später in die Häuser Oettingen-Spielberg, Oettingen-Wallerstein und Oettingen-Baldern gliederte. Letztere wurde von der Linie Oettingen-Wallerstein 1798 beerbt.

Das Schloss Oettingen

Das fürstliche Residenzschloss Oettingen ist im Privatbesitz des fürstlichen Hauses Oettingen-Spielberg. Im Jahre 1393 hatte König Wenzel (1361–1419), römisch-deutscher König von 1376–1400) den Grafen von Oettingen das Münzrecht verliehen. Die Münzstätte wurde in Oettingen bald nach der Verleihung gebaut. Im Jahre 1679 wurde der Bau eines Schlosses beschlossen, das sich an der Stelle der alten Münzstätte befand. Teile der Grundmauern sind noch im heutigen Schloss vorhanden. Der württembergische Baumeister Matthias Weiß, der bereits die Planung des Alten Schlosses für die Linie Oettingen-Oettingen übernommen hatte, wurde mit dem Neubau beauftragt. Für die Stuckarbeiten im Innenbereich konnte man den Stuckateur Mathias Schmuzer (1634–1686) gewinnen. Im Erdgeschoss liegen die Amtsräume, im ersten Stock die Wohnräume der fürstlichen Familie. Der zweite Stock war der Repräsentation gewidmet. Im inneren Schlosshof befindet sich ein Brunnen mit Motiven aus der Offenbarung. Renovierungen wurden von 1975 bis 2018 durchgeführt. Im Festsaal finden heute wegen der besonderen Akustik regelmäßig Konzerte statt. Die Residenzräume des Schlosses können im Rahmen von Schlossführungen besichtigt werden.

Informationen

Schlossführungen finden von Ende März bis in den Herbst statt: Sa/So und feiertags sowie in den bayerischen Schulferien: Di–Fr. Die Führungen beginnen jeweils um 14 Uhr.

Kontakt

Residenzschloss Oettingen
Schlossstraße 1
86732 Oettingen i. Bay.
Telefon: 09082/969412
oettingen-spielberg.de

Schloss Wallerstein

Unweit von Oettingen, im Markt Wallerstein, liegt das Schloss Wallerstein, das im Besitz der Familie Oettingen-Wallerstein ist. Im Frühjahr 1805 begann man vorhandene Gebäude zu einem Schloss zusammenzufassen. Vor der endgültigen Fertigstellung kam der Frieden von Preßburg und die Eingliederung in das Königreich Bayern.

Am Westende des Hofgartens steht das Moritzschlösschen, eine im klassizistischen Stil erbaute Dreiflügelanlage. Von 1871 bis 1910 war es im Besitz von Prinz Moritz zu Oettingen-Wallerstein und hat daher im Volksmund seinen Namen bekommen. Im Süden des Schlossparks befindet sich die Wallersteiner Hofreitschule, die nach Wiener Vorbild um 1741 erbaut wurde.

Schloss Wallenstein

Informationen

Schloss Wallerstein ist für die Öffentlichkeit nicht zugänglich.

Kontakt

Schloss Wallerstein
Herrenstraße 78
86757 Wallerstein
Telefon: 09081/805260
fuerstwallerstein.de

Innenhof

Schloss Bildern

Schloss Baldern

Auf einer Bergkuppe nordwestlich der Stadt Bopfingen liegt Schloss Baldern, das sich im Besitz des Fürstenhauses Oettingen-Wallerstein befindet. Urkundlich wird eine Burg erstmals im 11. Jahrhundert erwähnt. Im 12. Jahrhundert taucht das Geschlecht der Edelfreien von Baldern auf. Im Jahre 1280 kommt die Burg in den Besitz des Grafen von Oettingen. Die Brüder Franz de Gabrieli und Gabriel de Gabrieli aus Graubünden leiteten die Baumaßnahmen beim barocken Ausbau des Schlosses von 1718 bis 1737. Nachdem das Adelsgeschlecht der Oettingen-Baldern ausgestorben war, ging das Schloss 1798 an das Fürstenhaus Oettingen-Wallerstein. Landschaftsgarten und Turm entstanden erst im 19. Jahrhundert. Seit 1896 ist das Schloss der Öffentlichkeit zugänglich.

Zur Schlossanlage gehört ein Hofgarten, der von Prinzessin Anna zu Oettingen-Wallerstein neu im englischen Stil gestaltet wurde (Wallersteins Gardens). Für die Öffentlichkeit ist er jedoch nicht immer zugänglich.

Informationen

Öffnungszeiten ab Ende Mai: Sa/So 12–17 Uhr.
Über Öffnungszeiten des Hofgartens sowie Gartenführungen informieren die unten genannten Internetseiten.

Kontakt

Schlossparkstraße 12
73441 Bopfingen
Telefon: 07362/96880
fuerstwallerstein.de/schlossbaldern
wallersteingardens.com

Eingang

Schloss Spielberg, Innenhof

Skulptur von Ernst Steinacker

Schloss Spielberg

Acht Kilometer südlich von Gunzenhausen und dem Altmühlsee befindet sich die mittelfränkische Schloss Spielberg. Bereits im 12. Jahrhundert dienten die Grafen von Truhendingen auf der Burg Spielberg als Vögte des Klosters Eichstätt. Nach dem Aussterben der Truhedinger ging die Burg im Jahre 1363 an die Grafen von Oettingen. 1734 wurde sie Stammsitz der Linie des Hauses Oettingen-Spielberg.

Außenmauer

Die Burg wurde mehrfach umgebaut, bis in den Jahren 1625 bis 1627 ein Neubau des Palas, das Herrenhaus, entstand. Von 1730 bis 1735 erfolgte eine Innenausgestaltung im Stil des frühen Rokokos. Das Schloss wurde schließlich 1983 von Fürst Albrecht zu Oettingen-Spielberg im ruinösen Zustand der Künstlerfamilie Steinacker anvertraut. Ernst Steinacker (1919–2008) war ein deutscher Bildhauer, der im Alter von 64 Jahren damit begann, das Schloss in fünfjähriger Arbeit selbstständig zu renovieren. Er baute es zu einem Museum und einem kulturellen Zentrum aus. Rund um das Schloss und im Innenhof sind seine Skulpturen zu finden. Ein Sohn lebt noch auf dem Schloss und verwaltet das Erbe des Vaters. In der Schlossgalerie werden auch Kunstwerke von seiner Frau und seinen Kindern ausgestellt.

Informationen

Für Besichtigungen und Galeriebesuche ist die Schlossanlage ganzjährig geöffnet: Sa/So 14–17 Uhr, der Schlossinnenhof sowie die Außenanlage täglich 9–18 Uhr.

Kontakt

Schloss Spielberg
Veit Steinacker
Spielberg 16
91728 Gnotzheim
Telefon: 09833/357
schlossspielberg.de

Burg Harburg

Burg Harburg

Die Harburg gehört aktuell nicht zum Haus Oettingen-Wallerstein, sondern ist seit dem Jahr 2000 eine eigenständige Stiftung mit dem Namen „Gemeinnützige Fürst zu Oettingen-Wallerstein Kulturstiftung".

Die Geschichte der Burg

Man geht davon aus, dass bereits im 9. und 10. Jahrhundert aufgrund der Lage eine Befestigung bestanden hat, sei es als Landesburg gegen die Ungarn-Einfälle oder als Fliehburg. Die erste direkte Nennung der Harburg stammt aus dem Jahr 1150. Der 13-jährige Staufer Heinrich (1137–1150), Sohn König Konrads III., schrieb in einem Brief an seine Tante, dass er sich zur Zeit der Schlacht bei Flochberg auf der Harburg aufhielt, die damals eine staufische Reichsburg war. Entsprechend wurde die Burg bis zur Mitte des 13. Jahrhundert zur großen Reichsburg ausgebaut. Nach dem Interregnum – der Zeit zwischen der Absetzung Kaiser Friedrichs II. durch Papst Innozenz IV. im Jahre 1245 und der Wahl Rudolfs I. im Jahre 1273 – wurde die Burg von König Albrecht I. im Jahr 1299 an die Grafen von Oettingen verpfändet.

Von 1493 bis 1549 nutzten die Oettinger die Harburg als Residenz. Im Deutschen Historischen Museum in Berlin befindet sich heute ein Willkomm, ein großes Trinkgefäß, auf dem sich hochrangige Gäste der Harburg mit einer Diamantnadel mit Namen und Titulatur sowie Jahreszahl verewigen durften. Die Signaturen reichen von 1548 bis 1650. Die Oettinger bauten die Burganlage weiter aus. Der Zwinger kam um 1420 hinzu, die Vorburg wurde im späten 15. Jahrhundert ausgebaut. 1496 wurde in der Kernburg die Dürnitz fertiggestellt.

Graf Karl Wolfgang regierte mit seinem Bruder Ludwig XV. zusammen über die Grafschaft Oettingen südlich der Eger. Im Jahre 1539 führte er die Reformation ein. Im Schmalkaldischen Krieg blieb Graf Karl Wolfgang neutral, sein Bruder Ludwig aber trat dem Schmalkaldischen Bund bei. Trotz der Neutralität wurde die Harburg von kaiserlichen Truppen besetzt und Karl Wolfgang im Dezember 1546 abgesetzt. Sein Bruder erhielt die Reichsacht und wurde verbannt. Karl Wolfgang starb kinderlos und unter den Söhnen Ludwigs XV. kam es zur konfessionellen Teilung des Hauses Oettingen. Die evangelische Linie Oettingen-Oettingen behielt die Burg.

Fürstenbau, Kastenbau, Pfisterbau und Burgvogtei wurden in der zweiten Hälfte des 16. Jahrhunderts neu ausgebaut und die Wehreinrichtungen modernisiert. Das untere Tor erhielt 1594 eine Zugbrücke. Im Gegensatz zu den anderen Burgen im Ries wurde die Harburg im Dreißigjährigen Krieg nicht zerstört. Im 18. Jahrhundert wollte Fürst Albrecht Ernst II. zu Oettingen-Oettingen (1669–1731) sie zu einer barocken Residenz ausbauen, was aber nur für den Fürstenbau, den Saalbau und der Schlosskirche durchgeführt wurde. Mit seinem Tod erlosch die Linie Oettingen-Oettingen und die Harburg ging 1731 an die katholische Linie Oettingen-Wallerstein.

Im zweiten Koalitionskrieg wurde im Jahre 1800 die Burg von der französischen Armee beschossen. Es entstand kein größerer Schaden, weil man sich rechtzeitig ergab. 1806 wurden ein Justizamt und ein fürstliches Herrschaftsgericht, schließlich von 1848 bis 1852 eine königliche Gerichts- und Polizeibehörde auf der Harburg eingerichtet. In den 1940er-Jahren befand sich dort das Wehrertüchtigungslager der Hitlerjugend. Restaurierungen im Saalgebäude fanden von 2009 bis 2015 statt.

Die Burganlage

Die Harburg ist weitgehend ein Idealtypus einer mittelalterlichen Burganlage und zählt zu den besterhaltenen Burgen Süddeutschlands. Sie besteht aus der Vorburg und der Hauptburg. Es gibt zwei Bergfriede, Vogtei, Kastenhaus und Pfisterbau sowie den Saalbau, den Fürstenbau und die Schlosskirche St. Michael, einen Zwinger und den Wehrgang. Ein Burgbrunnen war für die Wasserversorgung zuständig. Aus der mittelalterlichen Anlage ist noch viel Bausubstanz in der heutigen Burg enthalten, etwa die beiden Bergfriede. Teile des Palas sind in den späteren Fürstenbau integriert worden, ebenso die Ringmauer der Hauptburg, der Zwinger und das Innere Tor.

Eingangsbereich

Rote Stallungen

Informationen

Geöffnet von März bis Anfang November (Ende der bayerischen Herbstferien): täglich 10–17 Uhr. Schlossführungen finden stündlich statt.

Kontakt

Schloss Harburg
Burgstraße 1
86655 Harburg (Schwaben)
Telefon: 09080/96860
burg-harburg.de

Anhang / Glossar

Altan
Auch Söller, Balkon; eine in oberen Geschossen eines Bauwerks durch eine Brüstung oder ein Geländer begrenzte Fläche.

Ausfallpforte
Auch Poterne genannt; versteckter oder schwer zugänglicher Nebenausgang der Burg. Er diente den Burgbewohnern für einen Überraschungsangriff auf Belagerer oder auch im Notfall als Fluchtweg.

Bergfried
Bezeichnung für den unbewohnten Hauptturm einer Burg. Er etablierte sich als Bautyp im Verlauf des 12. Jahrhunderts und war ab ungefähr 1180 bei fast allen Burgen enthalten. Vorläufer war ein wehrhafter Wohnturm. Meist befindet sich der Bergfried als Hauptturm im Mittelpunkt der Burganlage, manchmal auch als Mauerturm an der Hauptangriffsseite der Burg. Runde und quadratische Bergfriede kommen am häufigsten vor, fünf-, sechs- oder achteckige sind eher selten.

Brustwehr
Jede zum unmittelbaren Schutz der dahinterstehenden Verteidiger gegen feindlichen Beschuss hergestellte Deckung. In einer Burg ist die Brustwehr die meist mannshohe, oft nach außen vorkragende Schutzwand auf einer mit einem Wehrgang ausgestatteten Mauer. Ist sie mit Zinnen oder Schießscharten ausgestattet, wird sie als krenelierte Brustwehr bezeichnet, sonst als geschlossene Brustwehr.

Burghut
Burg zu bewachen und zu verteidigen.

Burgmannen
So wurden seit dem 12. Jahrhundert Ministeriale und Adelige bezeichnet, die von einem Burgherrn mit der Burghut beauftragt waren.

Dürnitz
Auch Dirnitz, Türnitz, im niederdeutschen Raum: Dornse. Ein rauchfrei beheizbarer Speise- und Gemeinschaftsraum in Burgen und frühen Schlössern, meist im Erdgeschoss gelegen. Er diente den gemeinsamen Mahlzeiten.

edelfrei
Grundbesitzer, die sich von anderen Freien (Bauern) dadurch unterschieden, dass sie das dreifache Wergeld zahlten. Im Mittelalter waren es Adelige von dynastischer Herkunft, die niemandem zu Diensten waren (außer Kaisern und Königen) und keine Lehensverhältnisse eingehen mussten.

Erker
Ein auf steinernen Konsolen oder Hölzern (Kraghölzern) aufsitzender, in den meisten Fällen rechteckiger Vorbau eines Gemäuers.

Fallbrücke
Auch Zugbrücke; eine Zugklappe am Wandelturm einer Angriffseinrichtung. Mithilfe von Fallbrücken versuchten die Belagerer, Zugang zur Mauer der gegnerischen Festungsanlage zu bekommen, um diese anzugreifen. Fallbrücken waren meist so angeordnet, dass sie aufgezogen die Sturmkolonnen deckten und durch ihre Schwere zugleich den Gegner auf der gegenüber liegenden Mauer bedrohten; niedergelassen wiederum bahnten sie dem Sturmangriff den Weg.

Fliehburg
Eine von Wällen umgebene Verteidigungsanlage, die nicht dauerhaft bewohnt wurde, sondern nur als Rückzugsort bei Kriegsgefahr diente.

Galerie
Bei mittelalterlichen Bauten ein lang gestreckter, einseitig offener Gang vor einer Mauer oder Fassade; seit Beginn der frz. Renaissance auch Bestandteil von Schlossbauten, dann im Allgemeinen über den Arkaden im Erdgeschoss liegend, den gesamten Raum eines Schlossflügels einnehmend, beheizbar und zu beiden Seiten mit Fenstern ausgestattet.

Gipfelburg
Die zu den Höhenburgen zählenden Gipfelburgen sind auf einer markanten, oft steil aufragenden, zum Teil felsigen Bergkuppel angelegt worden, die sie meist ganz einnehmen.

Graben
Einfachste Form der Befestigung einer Burg, die meistens mit einem dahinter liegenden Wall oder einer dahinterliegenden Mauer verbunden ist und die im Zugangsbereich stets eine Brücke erfordert.

Grenzburg
Burgen größerer Landesherren, die in Grenzbereichen, etwa einer Mark, den Besitz gegenüber mächtigen Nachbarn sichern oder markieren sollten.

Halsgraben
Ein künstlich angelegter Graben, der eine Burganlage nicht vollständig umschließt sondern nur dort, wo die Anlage nicht durch natürliche Hindernisse geschützt wird. Dies trifft meistens, aber nicht ausschließlich auf Burgen in Spornlage zu.

Herrenhaus
Als Herrenhäuser bezeichnete man seit der frühen Neuzeit die repräsentativen oder gar schlossartigen Wohnbauten der adligen Gutsherren.

Hochschloss
Anlage, bei der die Wohnlichkeit und der Anspruch auf Repräsentation schon dem Schlossbau entspricht, bei der aber die strategisch günstige Lage auf dem Berg, oft oberhalb einer Stadt, beibehalten wurde. Fast immer entstehen Hochschlösser durch den Umbau mittelalterlicher Burgen, wie Beispielsweise in Heidelberg oder Würzburg.

Höhenburg
Bei der topografischen Einteilung von Burgen werden Höhenburgen von Niederungsburgen unterschieden. Höhenburgen liegen oft schwer zugänglich auf einem Berg, Hügel oder Felsen und umfassen Gipfel-, Hang- und Spornburgen sowie als Sonderformen Felsen- und Grotten- bzw. Höhlenburgen.

Hofmark
Abgegrenzter Bezirk einer Grundherrschaft – das ist die Verfügungsgewalt der Herren über die Bauern und das Land –, der das Recht zur niederen Gerichtsbarkeit zustand.

Jagdschloss
In den fürstlichen Jagdgebieten errichtete Bauten, in denen Jagdgesellschaften einkehren konnten und in denen ein weniger stark von der Etikette bestimmter Aufenthalt möglich war.

Kasematten
Beschusssichere, gemauerte Hohlräume im Festungsbau.

Kastell
Vom lateinischen „castellum“ für „befestigter Platz“ (Verkleinerungsform zu „castrum“, „Schanzlager“); davon abgeleitet, bezeichnete ein Kastell im Mittelalter eine Burg oder ein befestigtes Schloss.

Kastellan
Aufsichtsbeamter eines größeren Anwesens wie einer Burg oder eines Schlosses. Kastellane waren Burggrafen oder fürstliche Dienstleute, die den Oberbefehl über die Burg bekamen. Später, etwa ab dem 15. Jahrhundert, wurden auch Aufseher einer Burg so genannt.

Kastellburg
Ursprünglich hochadliger Bautyp mit regelmäßigem Grundriss sowie runden Ecken oder Flankierungstürmen, während der Regierungszeit König Philipps II. (1180–1224) in Frankreich aufgekommen.

Kavaliershaus
Die den höheren Bediensteten zugewiesenen Wohnhäuser im Bereich eines Schlosses.

Kemenate
Von lateinisch „caminata“; ein mit Kamin versehener Raum, mitunter auch verwendet für Wohntürme.

Kernburg
Bei mehrteiligen Burgen architektonisch hervorgehobene Hauptburg (innere Burg) mit den wichtigsten Wohn- und Wehrbauten

Kragsteine
In eine Mauer oder einen Pfeiler eingemauerte Steine, die als Auflager vor allem für Deckenbalken und manchmal auch für Dachsparren dienen oder den Hocheingang eines Bergfries tragen.

Landesburg
Auch Territorialburg; seit dem Spätmittelalter Bezeichnung für die zentralen Burgen der großen Landesherrschaften.

Laufgraben
Auch Tranchee; Graben mit beiderseitiger Erdanschüttung zur geschützten Annäherung an eine Festung oder von dieser aus zur Behinderung der Angriffsvorbereitungen des Feindes.

Lustschloss
Landschloss, das meist einen Park besaß und nur zeitweilig – vorwiegend während der Sommermonate – bewohnt wurde.

Marstall
Bau für die Pferdeställe; bei mittelalterlichen Burgen zumeist in der Vorburg gelegen, in Schlössern eigenständiger Baukörper, der in die architektonische Gesamtkomposition einbezogen ist.

Ministeriale
Auch Dienstmann, ein im Dienst stehender Beamte und damit unfreie Verwalter für den Adel. Im 13. Jahrhundert bildete sich daraus der niedere Adel heraus.

Orangerie
Meist einstöckiges Gebäude mit großen Südfenstern, in dem nicht frostfeste Pflanzen überwintern können.

Ordensburg
Auch Kreuzfahrerburg; Bezeichnung für die von den drei großen geistlichen Ritterorden – Johanniter, Deutscher und Templer – errichteten oder übernommenen und ausgebauten Burgen.

Palas
Repräsentativer Saalbau einer mittelalterlichen Burg in der Zeit der Romanik (11. bis 13. Jahrhundert). Der steinerne Saalbau hat einen längsrechteckingen Grundriss und ist häufig unterkellert. Die Hauptgeschosse (meistens zwei) werden durch Rundbogenfenster belichtet. Der Saal im Obergeschoss nimmt die gesamte Grundfläche des Gebäudes ein und kann meist durch eine Freitreppe erreicht werden.

Palatium
Lat. für Palast; im Mittelalter über das gesamte Reichsgebiet verteilte Aufenthaltsorte für den König samt Hofstaat.

Palisade
Von lat. „palus“, „Pfahl“; ein 20–30 Zentimeter starker, drei bis vier Meter langer, oben zugespitzter Holzpfahl.

Pfalz
Eine Pfalz war im Mittelalter ein Stützpunkt für den reisenden König, da dieser noch keine Hauptstadt hatte, sondern von wechselnden Orten aus regierte, um so den Kontakt zu seinen Vasallen zu halten. Die Pfalzen bestanden meist aus größeren Gutshöfen mit einer angegliederten Kapelle und einem Königssaal. Sie wurden im Abstand von etwa 40 Kilometern errichtet – das entsprach einer Tagesreise des Königs samt Gefolge. Besonders wichtig waren Pfalzen, in denen sich der König über längere Zeit oder zu wichtigen Feiertagen aufhielt. Der Begriff Pfalz leitet sich von dem lateinischen Wort „Palatium“ für Palast ab.

Pfleger
Ein Pfleger war im Mittelalter der Vogt, der für Verwaltung und Verteidigung der Burg (oder eines Klosters) verantwortlich war.

Reichsburg
Im Auftrag des Königs oder Kaisers angelegte Burg, deren Verwaltung Burgmannen oder Reichsministerialen unterlag und die oft die Funktion einer Pfalz hatte, in der sich der Herrscher aufhielt.

Reitertreppe
Oder Reittreppe; Treppe, deren Stufen so flach und tief angelegt sind, dass sie sich mit einem Pferd nutzen lassen.

Ringmauer
Hauptmauer, Umfassungsmauer, veraltet auch Zingel. Die Wehrmauer, die den inneren Bereich einer Burg ringförmig umschließt. Die Gesamtheit der Ringmauer wird auch als Bering bezeichnet, ein einzelner Abschnitt hingegen als Kurtine.

Ringwall
Seltener auch Wallburg; eine der seit der Vorgeschichte gebräuchlichsten Befestigungsformen.

Rittersaal
Der „Rittersaal“ wird oft irrtümlich als der Raum einer mittelalterlichen Burg verstanden, in dem angeblich die Ritter zusammenkamen. Tatsächlich stammt diese Bezeichnung aber nicht aus dem Mittelalter und fast kein mittelalterlicher Saal wurde je so genannt. Einen festen Platz hat der Rittersaal dagegen in der historistischen Schlossbaukunst des 19. Jh. und ihrer romantischen Idee der mittelalterlichen Burgenwelt.

Säkularisation
Auflösung kirchlicher Güter. Auslöser in Deutschland waren die militärischen Erfolge Napoléon Bonapartes. In Bayern wurde die Säkularisation durch den Minister Montgelas schon ab 1802 durchgeführt.

Schalenturm
Im 14. und 15. Jh. gebaute Türme, deren hintere Seite offen oder aus Holz war - um Baumaterial zu sparen, aber auch, damit sich der Feind nicht darin verschanzen konnte.

Schießscharte
Schmale, meist schlitzartige Maueröffnungen für den Gebrauch von Schusswaffen. Je nach Ausführung, Form und Aussehen unterscheidet man unter anderem Bogen- und Armbrustscharten, Kugelscharten, Schlüssel- und Maulscharten.

Schlupfpforte
Auch Mannpforte, Nadelöhr oder Katzenloch genannt; ausschließlich für Fußgänger bestimmte, in einen Flügel des Burgtores (oder die Stadtmauer) eingeschnittene oder neben diesem (dieser) befindliche kleine Pforte.

Schwiebogen
Von althochdeutsch „swibogo“, „Schwebebogen“; in der gotischen Architektur frei gespannter Bogen ohne ein darüberliegendes Mauerwerk, beispielsweise zum Abstützen einander gegenüberstehender Bauwerke oder zu Verstrebung zweier Mauern.

Spiegelsaal
Raum in Schlössern, dessen hauptsächliche Dekoration aus der geschickten Anordnung von Spiegeln besteht. Diese sollen den Raum optisch größer wirken lassen und das vorhandene Tageslicht zu seiner perfekten Ausleuchtung nutzen.

Spornburg
Auf dem äußersten Fortsatz eines Bergrückens (Sporn) gelegene Höhenburg.

Stammburg
Meistens die namengebende Burg eines Adelsgeschlechts, allerdings nicht in jedem Fall der älteste Wohnsitz jenes Geschlechts.

Sterngewölbe
Aus dem Rippengewölbe entstandene spätgotische Gewölbeform (häufig in Hallenkirchen), bei der die Rippen ein dekoratives sternförmiges oder netzartiges Muster (Netzgewölbe) bilden.

Territorialburg
Als Territorialburgen werden die Burgen der großen Landesherren bezeichnet, die diesen mit Festigung ihrer Territorien im Spätmittelalter als zum Teil repräsentativ ausbebaute Zentren der Verwaltung politisch–militärischer Herrschaftsausübung und des kulturellen Lebens dienten.

Trutzburg
Von „trutz", mittelhochdeutsch für trotzen, was im Mittelalter einen Akt der Gegenwehr beschrieb. Trutzburgen waren Wehranlagen zur Sicherung von Machtansprüchen (Gegenburgen) oder zur Belagerung und Eroberung von Besitztümern konkurrierender Machthaber (Belagerungsburgen), meist provisorisch aus Holz und Erde oberhalb der zu erobernden Burg in deren Sicht- und Geschützweite errichtet.

Veste
Veraltete Bezeichnung für Burg oder Festung.

Vogtei
Zusammenfassende Bezeichnung für die Rechte – vor allem in gerichtlicher Hinsicht –, die seinem Grundherrn zustanden. Als Gerichtsherr durfte der Vogtei-Inhaber auch eine Abgabe erheben, die sämtliche Vogtleute entrichten mussten.

Vorburg
Der Teil einer Burg, in dem sich Gebäude befinden, die der Bewirtschaftung der Anlage dienen oder für die Versorgung der Burgbewohner nötig sind (Werkstätten, Viehställe, Lagerräume, Scheunen, Gesindehäuser, nicht selten auch ein Brau- und Backhaus). Meist sind Vorburgen durch eine eigene Ringmauer befestigt.

Walmdach
Eine Dachform, die nicht nur auf der Traufseite, sondern auch auf der Giebelseite geneigte Dachflächen hat.

Wartturm
Warte oder auch Wachturm; einzeln stehender, von Wall und Graben umgebener Beobachtungsturm.

Wehrgang
Bei Burgen, Festungen, Wehrkirchen wird der obere Abschluss einer Wehrmauer oder eines Wehrturmes in Form eines Ganges für die Verteidiger als Wehrgang bezeichnet. Es kann eine Holzkonstruktion sein oder aus Stein bestehen.

Wergeld
Im germanischen Recht das Sühnegeld, das bei einem Totschlag als Entschädigung an die Angehörigen des Erschlagenen zu leisten war

Zeughaus
Gebäude, das zur Lagerung von Waffen, Geschützen, Munition und Kriegsgerät aller Art – „Gezeug" – dient.

Zinne
Gemauerter Aufsatz auf einer Brustwehr. Sie diente dazu, einem dahinter auf einem Wehrgang oder einer Wehrplattform stehenden Verteidiger Deckung gegen feindliche Fernwaffen zu geben. Die zwischen den Zinnen liegenden Lücken (Zinnenfenster oder Zinnenscharten) reichen bis auf die Höhe einer Brüstung hinab.

Zisterne
Gemauertes Becken zum Samnmeln des von den Dächern ablaufenden Regenwassers.

Zitadelle
Selbstständiger, in sich abgeschlossener Teil einer Befestigung, der diese oder die Stadt, von der er zudem meist durch eine Freifläche getrennt ist, beherrschen soll. Die Zitadelle liegt daher in den meisten Fällen an der höchsten Stelle innerhalb des befestigten Bereichs.

Zollburg
An den wichtigen überregionalen Fernhandelsstraßen wie etwa den Alpenpässen und dem Mittelrhein befanden sich bedeutende Zollstationen, die oftmals durch Burgen gesichert und überwacht wurden.

Zugbrücke
→ Fallbrücke

Zwinger
Ein zwischen zwei Wehrmauern gelegenes offenes Areal, das der Verteidigung dient. Solche Anlagen wurden im Mittelalter und der frühen Neuzeit als Verstärkung von Burgen und Stadtmauern errichtet. Der Zwinger ist der Burgmauer vorgelagert und zur Feldseite durch eine zweite, niedrigere Mauer abgeschlossen. Gelang es den Angreifern, die Zwingermauer zu überwinden, waren sie im Zwinger eingekesselt und ein leichtes Ziel für die Verteidigung. Ältere Burgen wurden oft nachträglich mit einer Zwingeranlage versehen.

Weitere Bücher über Ihre Region

Heidi Fruhstorfer
Rama dama!
München nach 1945
96 S., Hardcover, S/w-Fotos
ISBN 978-3-8313-2263-3

Heidi Fruhstorfer
Auf dem Weg zur Weltstadt
München in den 50er- und 60er-Jahren
72 S., Hardcover, S/w-Fotos
ISBN 978-3-8313-3287-8

Heidi Fruhstorfer
Von der Zugspitze bis ins Frankenland
Kindheit und Jugend in Bayern
72 S., Hardcover, S/w-Fotos
ISBN 978-3-8313-3351-6

Heidi Fruhstorfer
Aufgewachsen in München in den 40er- und 50er-Jahren
64 S., Hardcover, Farb- und S/w-Fotos
ISBN 978-3-8313-1840-7

Barbara Kettl-Römer/Angelika Rodatus
Aufgewachsen in München in den 60er- und 70er-Jahren
64 S., Hardcover, Farb- und S/w-Fotos
ISBN 978-3-8313-1883-4

Heidi Fruhstorfer
München – Da schau her!
Geschichten und Anekdoten
80 S., Hardcover, S/w-Fotos
ISBN 978-3-8313-3303-5

Wartberg-Verlag GmbH
Im Wiesental 1 | 34281 Gudensberg
www.wartberg-verlag.de

Bücher für Deutschlands Städte und Regionen
Tel. 0 56 03-93 05 0
Fax 0 56 03-93 05 28